A NÃO CONCORRÊNCIA DOS ADMINISTRADORES DAS S.A.

ÉRIKA DE BARROS LIMA FERRAZ

Paula Andrea Forgioni
Prefácio

Erasmo Valladão Azevedo e Novaes França
Apresentação

A NÃO CONCORRÊNCIA DOS ADMINISTRADORES DAS S.A.

Belo Horizonte
FORUM
CONHECIMENTO
2025

FÓRUM
CONHECIMENTO

Luís Cláudio Rodrigues Ferreira
Presidente e Editor

Coordenação editorial: Leonardo Eustáquio Siqueira Araújo / Thaynara Faleiro Malta
Revisão: Carolina Sueto Moreira
Capa e projeto gráfico: Walter Santos
Diagramação: Derval Braga

Rua Paulo Ribeiro Bastos, 211 – Jardim Atlântico – CEP 31710-430
Belo Horizonte – Minas Gerais – Tel.: (31) 99412.0131
www.editoraforum.com.br – editoraforum@editoraforum.com.br

Técnica. Empenho. Zelo. Esses foram alguns dos cuidados aplicados na edição desta obra. No entanto, podem ocorrer erros de impressão, digitação ou mesmo restar alguma dúvida conceitual. Caso se constate algo assim, solicitamos a gentileza de nos comunicar através do *e-mail* editorial@editoraforum.com.br para que possamos esclarecer, no que couber. A sua contribuição é muito importante para mantermos a excelência editorial. A Editora Fórum agradece a sua contribuição.

Dados Internacionais de Catalogação na Publicação (CIP) de acordo com ISBD

F381n Ferraz, Érika de Barros Lima

A não concorrência dos administradores das S.A. / Érika de Barros Lima Ferraz. Belo Horizonte: Fórum, 2025.

170p. 14,5x21,5cm
ISBN impresso 978-85-450-0895-8
ISBN digital 978-85-450-0891-0

1. Dever de lealdade. 2. Não concorrência de administrador. 3. Sociedades Anônimas. 4. Cláusula de não concorrência. 5. Pós mandato. I. Título.

CDD 346.07
CDU 347.7

Ficha catalográfica elaborada por Lissandra Ruas Lima – CRB/6 – 2851

Informação bibliográfica deste livro, conforme a NBR 6023:2018 da Associação Brasileira de Normas Técnicas (ABNT):

FERRAZ, Érika de Barros Lima. *A não concorrência dos administradores das S.A.* Belo Horizonte: Fórum, 2025. 170p. ISBN 978-85-450-0895-8.

Às minhas filhas Catarina e Fernanda.

Agradeço aos meus pais por todo amor, dedicação e pelo incentivo aos estudos.

LISTA DE ABREVIATURAS E SIGLAS

CADE – Conselho Administrativo de Defesa Econômica
CLT – Consolidação das Leis do Trabalho
FTC – Federal Trade Commission
IBGC – Instituto Brasileiro de Governança Corporativa
LSA – Lei das Sociedades Anônimas - Lei nº 6.404/76
OCDE – Organização para a Cooperação e Desenvolvimento Econômico
S/A – Sociedade Anônima
STF – Supremo Tribunal Federal
STJ – Superior Tribunal de Justiça

Quando comecei na advocacia empresarial, as grandes companhias brasileiras ainda tinham "dono". O controle era definido e exercido por famílias que comandavam os principais grupos econômicos do país. Em geral, tratava-se da segunda ou terceira geração à frente dos negócios, com os próprios controladores exercendo a gestão executiva de forma direta e personalizada. Havia, ali, uma sobreposição quase natural entre capital e comando: o acionista relevante era, também, o gestor do dia a dia, numa simbiose que dispensava maiores sofisticações teóricas sobre separação de funções ou conflitos de agência.

Esse modelo familiar e hereditário de gestão empresarial, no entanto, foi se transformando de maneira profunda e irreversível. O processo de concentração empresarial — no Brasil e fora dele — acelerou movimentos de transferência de controle e reorganização societária que alteraram profundamente a paisagem corporativa nacional. A globalização dos mercados de capitais, a sofisticação dos instrumentos financeiros e a própria complexidade crescente dos negócios impulsionaram essa metamorfose estrutural. Muitas companhias foram vendidas, parcial ou integralmente, a fundos de investimento, conglomerados internacionais ou novos controladores institucionais, em operações que refletiam não apenas mudanças de propriedade, mas verdadeiras reconfigurações e reafirmações do poder econômico. As famílias, quando permanecem no comando, fazem-no cada vez mais por meio do conselho de administração e raramente ocupam funções executivas operacionais. Mesmo nos casos em que ainda há presença direta dos fundadores ou herdeiros, a estrutura societária já conta com administradores profissionais em quase todas as posições relevantes, desde a diretoria executiva até os comitês especializados. A gestão foi, progressivamente, entregue a profissionais contratados — escolhidos por sua expertise técnica, experiência de mercado e capacidade de entrega de resultados, e não por vínculos familiares ou de origem com o capital.

Esse deslocamento estrutural reforçou a importância da compreensão da chamada *teoria da agência* no direito societário brasileiro. O modelo clássico, que pressupunha identidade plena entre acionista e administrador — e que, por isso mesmo, relegava a segundo plano as questões de governança — cedeu lugar a uma nova configuração empresarial, marcada pela dissociação estrutural entre quem decide e quem arca com os efeitos patrimoniais das decisões. O administrador passou a ser um agente econômico incumbido de promover os interesses da sociedade e dos acionistas sob a vigilância — muitas vezes difusa e nem sempre eficaz — dos proprietários do capital. Constrói-se, assim, instrumental analítico indispensável para compreender os riscos derivados dessa separação funcional: o desalinhamento de incentivos entre principal [acionista] e agente [administrador], os conflitos de interesse decorrentes da multiplicidade de papéis, o risco moral representado pelo uso do cargo em benefício próprio, e a assimetria informacional que caracteriza essa relação. É justamente nesse contexto de complexidade e sofisticação das relações societárias que os deveres fiduciários se afirmam como mecanismos jurídicos essenciais de alinhamento de interesses, proteção dos investidores e mesmo da "empresa em si", na linha institucionalista.

Durante muito tempo, discutir a separação entre propriedade e controle era, no Brasil, exercício mais teórico do que prático — uma importação acadêmica de conceitos desenvolvidos em mercados de capitais maduros, mas com pouca aplicabilidade imediata à realidade empresarial nacional. A vida societária brasileira não refletia, senão pontualmente, os cenários típicos do que era, para nós, apenas literatura de referência. O cenário alterou-se profunda e irreversivelmente. A cisão entre o controle acionário e o poder de gestão é hoje fato disseminado — não apenas nos casos de controle pulverizado característicos dos mercados anglo-saxões, mas como consequência direta e inevitável da profissionalização da administração empresarial. O comando efetivo das companhias passou a ser exercido por administradores que não detêm participação societária relevante no capital social, mas que concentram em suas mãos o poder decisório sobre os destinos empresariais. O administrador profissional, que não investiu recursos próprios na companhia e que responde à assembleia geral apenas por força de mandato societário, passa a ser o responsável por decisões estratégicas que impactam diretamente o valor da companhia, a rentabilidade dos investimentos e os legítimos interesses dos acionistas. Em sua maioria, são profissionais qualificados, com deveres fiduciários definidos em Lei, mas que operam numa zona de tensão permanente entre autonomia decisória e *accountability*. O debate jurídico, portanto, deixou de ser meramente abstrato ou importado: tornou-se indispensável compreender, com precisão técnica, o conteúdo jurídico dos deveres fiduciários, as balizas dogmáticas de sua aplicação prática e os limites constitucionalmente legítimos à autonomia decisória dos gestores.

Érika Ferraz enfrentou esse desafio intelectual com rigor acadêmico e clareza analítica. O presente trabalho, fruto de sua dissertação de mestrado, analisa o dever de não concorrência dos administradores das sociedades anônimas, articulando os fundamentos dogmáticos do tema, o contexto constitucional em que se insere, regido pelos parâmetros da livre iniciativa e da livre concorrência, e as tensões concretas que a prática societária contemporânea revela.

A autora ressalta o papel estruturante da confiança como elemento nuclear da relação entre administrador e sociedade, verdadeira chave hermenêutica para a compreensão dos deveres fiduciários. A partir dessa premissa teórica sólida, dedica-se a examinar o dever de lealdade em suas múltiplas manifestações práticas — com especial atenção ao problema do conflito de interesses. A abordagem é sistemática sem ser rígida, e casuística sem perder o fio condutor teórico.

O núcleo da investigação está no exame do dever de não concorrência como desdobramento específico do dever de lealdade — tema que ganha relevância crescente em ambiente econômico marcado pela mobilidade profissional e pela circulação de executivos entre companhias concorrentes. A autora conduz a análise com lucidez metodológica, tratando tanto da vedação aplicável durante o exercício do mandato quanto da controvérsia jurídica em torno de eventual obrigação pós-gestão — questão que tem gerado intensa litigiosidade nos tribunais estatais e arbitrais, além de divergências doutrinárias significativas.

As cláusulas de não concorrência, como bem demonstra Érika, implicam forte restrição às liberdades econômicas constitucionalmente asseguradas. Por essa razão, devem ser *interpretadas restritivamente*, numa hermenêutica que privilegie sempre a proteção das liberdades. Os agentes econômicos não podem ser obrigados a não empreender e a não competir além dos limites que expressamente contrataram.

Com domínio das fontes nacionais e estrangeiras, examina comparativamente o tratamento do tema no direito societário internacional, lançando luz sobre questões ainda insuficientemente exploradas pela doutrina brasileira — como a validade jurídica e os limites constitucionais de cláusulas contratuais de não concorrência após o término do vínculo societário.

O encerramento da obra é claro, ponderado e solidamente fundamentado: ausente previsão contratual específica e proporcional, não há dever implícito de não concorrência após o fim do mandato. A livre concorrência, em particular, constitui fundamento basilar do sistema econômico nacional, e qualquer restrição a seu exercício deve encontrar justificação expressa e proporcional.

Trata-se de diretriz especialmente relevante para quem compreende que os princípios constitucionais devem efetivamente guiar o sistema jurídico-societário. Repise-se: as obrigações de não concorrência — por sua natureza inerentemente restritiva de direitos fundamentais — são sempre exceções ao regime geral e, como tais, exigem previsão legal ou contratual expressa, justificação proporcional e fundamentação juridicamente consistente. A interpretação restritiva dessas cláusulas não é mera técnica hermenêutica, mas imperativo constitucional que decorre da supremacia das liberdades econômicas fundamentais.

O mérito, no entanto, não se limita ao conteúdo substantivo da obra. Primeira mulher a presidir o Instituto dos Advogados de Pernambuco em seus mais de 150 anos de história, Érika Ferraz é uma autêntica desbravadora e uma liderança profissional amplamente admirada — pela inteligência analítica, pela firmeza de convicções e, sobretudo, pela capacidade de articular pessoas e instituições em torno de projetos relevantes. É quase sempre "a primeira mulher" a ocupar posições de destaque: integrou o Tribunal Regional Eleitoral de Pernambuco, rompendo barreiras em um ambiente tradicionalmente masculino, e tem acumulado uma série de primeiros passos que abrem caminho para outras mulheres no Direito.

Chegou à pós-graduação da Universidade de São Paulo com uma trajetória profissional já consolidada e fez desse espaço acadêmico o que nem todos conseguem: um ambiente genuíno de aprofundamento intelectual, de reflexão crítica rigorosa, de construção coletiva do conhecimento jurídico. Construiu amizades duradouras, pontes institucionais importantes, conquistou a admiração sincera de colegas e professores. Superou os desafios inerentes à vida acadêmica no Largo de São Francisco com a leveza natural de quem tem propósito claro e determinação inabalável. Ganhamos todos.

Como orientadora deste trabalho, acompanhei de perto a trajetória intelectual de Érika Ferraz durante todo o processo de pesquisa e elaboração da dissertação. Esta obra é o reflexo amadurecido de uma busca genuína e rigorosa por respostas juridicamente equilibradas, comprometidas tanto com a segurança jurídica — valor fundamental do Estado de Direito — quanto com os fundamentos constitucionais que regem a nossa ordem econômica. Recomendo vivamente a leitura atenta deste livro a todos os que se dedicam ao direito societário — e reitero, com a convicção de quem testemunhou de perto todo o processo de elaboração da pesquisa, que o mérito intelectual do texto está, com sobras, à altura da autora.

São Paulo, julho de 2025.

Paula A. Forgioni
Professora Titular de Direito Comercial
Faculdade de Direito da Universidade de São Paulo

APRESENTAÇÃO

A ilustre Dra. Érika de Barros Lima Ferraz, de quem tive a honra de ser professor no Curso de Pós-Graduação da Faculdade de Direito da Universidade de São Paulo, solicitou-me o privilégio de fazer a apresentação do livro de sua autoria, intitulado *A não concorrência dos administradores das S.A.*, que consiste, com alguns ajustes, na Dissertação com que conquistou o título de Mestre em Direito Comercial pela referida — e quase bicentenária — instituição de ensino.

Costumo sempre dizer aos meus alunos que, sobretudo numa época de "copia e cola", uma das principais virtudes de uma obra acadêmica consiste na sua *concisão*.

Dessa virtude certamente não se escusou o livro que ora apresentamos.

É realmente admirável que, em apenas 161 páginas, excluindo-se as páginas da excelente bibliografia que consultou,[1] a autora tenha conseguido, *com tanta profundidade*, abordar o árduo tema do trabalho, demonstrando leitura e compreensão das inúmeras obras que citou.

Iniciando o seu estudo com o exame da estrutura das sociedades anônimas e dos deveres fiduciários impostos aos administradores na nossa Lei de S/A (Lei 6.404/76), a obra passa à minuciosa análise do dever de lealdade societário e sua aplicação aos administradores das sociedades por ações.

Ingressa a seguir no tema da não concorrência dos administradores no período do mandato, para terminar com o estudo da sua aplicação ao período pós-mandato.

---

[1] Que reúne os principais autores sobre a matéria.

A conclusão da autora, solidamente fundada, é a de que inexiste o dever de não concorrência no último período, em função do princípio constitucional da livre concorrência (art. 170, inciso IV, da Constituição Federal) correlato — a autora bem o lembra — ao da livre iniciativa, que constitui fundamento da própria República Federativa do Brasil (art. 1º, inciso IV, da Carta Magna).

Tal dever só existirá, segundo a autora, se for celebrado, após o término do mandato, um pacto de não concorrência da sociedade com o administrador, cuja interpretação deverá ser feita de forma restritiva (em face dos princípios constitucionais supracitados), e que estará sujeito, sempre, a determinados requisitos de validade – limitação geográfica, temporal e material.[2]

A compensação financeira pela celebração da cláusula, no direito societário, impõe-se como último requisito para a sua validade, atendendo-se, simultaneamente, aos princípios da autonomia da vontade e da razoabilidade e proporcionalidade.[3]

Importa ressaltar ainda que a autora incursionou com segurança pelo direito comparado, enriquecendo sobremaneira o trabalho ora apresentado aos leitores.

Como se disse de início, é admirável e, além disso, altamente elogiável, que a autora tenha feito tudo isso com brevidade e elevado rigor científico.

Não tenho dúvidas de que, se também estivesse na banca examinadora, aprovaria a autora com distinção...

Por isso tudo recomendo, vivamente, a leitura deste exemplar trabalho, que em muito vem contribuir para o estudo do tema em nosso direito societário.

São Paulo, 2 de maio de 2025.

Erasmo Valladão Azevedo e Novaes França
Livre-Docente e Professor Associado Sênior
de Direito Comercial da Faculdade de
Direito da Universidade de São Paulo

---

2 Limitação material significa, nas palavras da autora, a delimitação do objeto exato da restrição da concorrência, da atividade que a parte deverá abster-se de realizar.

3 No direito do trabalho e no direito antitruste, segundo salienta a autora, vigem outras diretrizes.

INTRODUÇÃO

Na Lei das Sociedades Anônimas,[1] não existe para os acionistas qualquer dispositivo legal ou mesmo presunção que os proíbam de concorrer com a sociedade.

A regra no direito societário brasileiro estabelece que, no livre exercício da exploração da atividade econômica da sociedade, os acionistas podem participar dos quadros sociais, ocupar cargos de gestão ou realizar negócios com outras companhias ou tipos de sociedades, não estando obrigados a utilizar a companhia como veículo único para prática de suas atividades econômicas.

A situação é diferente no caso dos administradores, acionistas ou não da companhia,[2] e isto se dá por serem eles que exercem, isolada ou conjuntamente, o direcionamento das atividades da sociedade, gerindo, tendo conhecimento aprofundado dos seus negócios e decidindo sobre os passos necessários ao cumprimento do interesse social.

Nesta hipótese, em face da posição de relevância que ocupam dentro da companhia, a qual lhes permite ter acesso a informações relevantes e estratégias da sociedade, inclusive com acesso a informações privilegiadas, em muitos casos, tendo eles estabelecido relações de confiança e parceria com a clientela do negócio, não é admissível que tais gestores pratiquem concorrência com a sociedade, ou ocupem

---

1 BRASIL. *Lei nº 6.404, de 15 de dezembro de 1976*. Dispõe sobre as Sociedades por Ações. Brasília, DF: Presidência da República, 1976.

2 "Na sociedade anônima, por se tratar de uma sociedade de capitais, é permitido a estranhosa função de administradores da sociedade, já que os sócios respondem somente pela importância com que entraram para a formação do capital" (CALVO, Adriana. *Diretor de uma sociedade anônima:* Patrão — empregado? São Paulo: LTr, 2006. p. 32).

cargos de gestão em empresas concorrentes,[3] estando vinculados a uma gama de deveres fiduciários decorrentes do ordenamento societário, entre os quais o dever de lealdade.

Tais deveres são de extrema importância no estudo da limitação dos poderes dos gestores das sociedades anônimas, especialmente por estabelecer que os atos praticados por esses profissionais devem ser pautados, entre outros, pela boa-fé e sempre direcionados a atingir o interesse social.

O tema dos deveres dos administradores das sociedades anônimas é discutido pela doutrina há bastante tempo, mas ganhou uma visibilidade especial na década de 1980 devido a vários fatores, entre os quais as crises empresariais e os escândalos financeiros envolvendo especialmente grandes companhias e seus gestores.[4]

O fenômeno denominado "governança corporativa" trouxe várias inovações e exigências para o mundo empresarial, tendo como um de seus enfoques criar mecanismos que gerassem confiabilidade nas corporações e nos seus gestores, por meio da adoção de normas de boa conduta e regulamentos de boas práticas pelas companhias, que garantissem, especialmente, transparência nas suas operações.

É bem verdade que a função de administrador de uma companhia confere a este poder e influência sobre posições estratégicas e operacionais da empresa; por essa razão, é essencial que os gestores ajam em prol dos interesses da organização, evitando qualquer ato que possa conflitar com o interesse da sociedade que administram.

Imagine que um Diretor, CEO de uma companhia, inicie uma nova sociedade com as mesmas atividades desenvolvidas e na mesma área de atuação da sociedade a qual ele administra. É evidente que, em face da posição estratégica que um diretor tão importante ocupa, uma concorrência por parte dele prejudicaria as atividades sociais da

---

3 "[...] o administrador pode atuar como administrador de empresa não concorrente ou até ter participação de responsabilidade limitada em empresa concorrente, contanto que, nesta última hipótese, não exerça qualquer função orgânica (LSA, art.147, §3º, I) nem tenha participação, direta ou indireta, nas atividades da concorrente (LSA, art.147, §3º, II)" (ADAMEK, Marcelo Vieira von. *Responsabilidade dos Administradores de S/A e as ações correlatas*. 1. ed. São Paulo: Saraiva, 2009. p. 160).

4 "Sob a ótica das empresas, o problema se pautava pela necessidade de se criar mecanismo de confiabilidade dos acionistas e de outros investidores nas corporações, especialmente na sua administração, pois os problemas percebidos pelo mercado passavam por questões que envolviam transparência e conflitos de interesses existentes entre propriedade e gestão" (LUCAS, Laís Machado. *Programas de integridade nas Sociedades Anônimas:* implementação como conteúdo do dever de diligência dos administradores. Porto Alegre: Livraria do Advogado, 2021. p. 68).

companhia, o que configura uma situação conflitante com a sociedade da qual ele é gestor. Existiria um potencial concreto e real de dano que sua conduta de concorrer com a companhia poderia causar à sociedade.

Importante ressaltar que ao contrário de vários outros países, em que se tem dispositivo expresso e limitador da concorrência do administrador, no Brasil, a Lei das Sociedades Anônimas não o proibiu expressamente de exercer outras atividades paralelas, tampouco exigiu dedicação exclusiva por parte do administrador da companhia,[5] apenas lhe proíbe de ocupar cargo de gestão em companhias concorrentes e de praticar atividade que configure conflito de interesses com a companhia.

O dever de não concorrência do administrador no Brasil é decorrente da incidência do dever de lealdade sobre os gestores,[6] estabelecido no *caput* do art. 155 da Lei 6.404/76 (Lei de Sociedades Anônimas), o qual não estabelece todas as condutas específicas que o administrador deve abster-se de praticar, até porque seria impossível prever todas as situações nas quais o administrador pode estar envolvido no exercício da gestão da sociedade.

Essa ausência de especificação da totalidade de condutas exige que as análises das situações de concorrência sejam realizadas de forma casuística, o que gera uma gama de discussões sobre o tema e, consequentemente, certa insegurança jurídica, que merecem ser aprofundadas nesse trabalho.

Importante frisar que o dever de não concorrência do administrador das sociedades anônimas se aplica tanto aos administradores das companhias fechadas, quanto aos das companhias abertas, por ser decorrente da incidência do dever de lealdade, o qual se aplica a todos os tipos de sociedade.[7]

---

5 "Ao contrário do que se verifica em outros sistemas, o legislador brasileiro, ao formular o dever de lealdade, não proibiu genericamente o administrador de exercer outras atividades profissionais paralelas, pois ele não exigiu dedicação exclusiva nem vetou terminantemente sua participação em atividade concorrente. A eventual ilicitude dessas condutas, com efeito, não é *in re ipsa*, nem resulta de tais fatos em si; depende sim de aferição concreta" (ADAMEK, Marcelo Vieira von. *Responsabilidade dos Administradores de S/A e as ações correlatas*. 1. ed. São Paulo: Saraiva, 2009. p. 113).

6 "Quanto ao dever de não concorrer, apesar de não ser previsto de maneira expressa na Lei 6.404/76 (ressalvada a regra do Art. 147, §3º, I, a qual sozinha, não veda, de todos, a conduta que ora expomos) — o que não ocorre em outros países —, é aquele decorrente da incidência do dever de lealdade sobre os gestores (e que encontramos no art. 155, *caput*, da nossa Lei das S.A.)" (SPINELLI, Luis Felipe. *Conflito de Interesses na Administração da Sociedade Anônima*. 1. ed. São Paulo: Malheiros, 2012. p. 165).

7 "O dever de lealdade existe em todas as sociedades. Inicialmente foi ele reconhecido nas sociedades de pessoas, nas quais a vinculação pessoal dos sócios é de regra mais intensa. No entanto, a sua consagração nas sociedades limitada e anônima foi fruto de

No tocante ao referido dever de não concorrência do administrador da sociedade anônima, existem dois momentos específicos a serem observados: o primeiro se dá quando o administrador, acionista ou não da companhia, está exercendo a gestão social, ou seja, com seu mandato em pleno vigor, e o outro no término do mandato, ocasião em que uma concorrência também pode ser extremamente danosa à sociedade. Nesse segundo momento, por diversos motivos, a companhia pode ter interesse em postergar a não concorrência do administrador para o período pós-mandato.

Este trabalho visa a explorar o tema da não concorrência do administrador da sociedade anônima em todos os seus momentos, abordando a não concorrência durante o mandato e principalmente na fase pós-administração. Tal abordagem se volta ao âmbito do direito societário, embora se possam fazer menções a outras áreas do direito comercial.

A principal questão que se pretende responder com este trabalho é a de saber se o dever de não concorrer, decorrente do dever de lealdade, cessa imediatamente quando do término das funções de administrador, ou se haveria especificamente para o administrador alguma presunção ou obrigação implícita de não concorrência com a sociedade anônima, decorrente do dever de lealdade, na fase pós-mandato.

Em se concluindo que um ex-administrador não teria mais qualquer dever de lealdade com a sociedade, ou seja, o dever de lealdade do administrador cessa com a extinção do mandato, analisa-se a possibilidade de celebração de uma cláusula de não concorrência entre a sociedade e o administrador com eficácia pós-mandato.

A presente análise se desdobra em vários outros questionamentos e reflexões, quais sejam: o que estaria englobado como ato de não concorrência de administrador, estabelecendo quais atos concretos o administrador estaria impedido de praticar; e no caso de celebração da cláusula no período pós-mandato do administrador, quais limites devem ser respeitados na sua pactuação; se haveria diferenças de exigência dos requisitos da cláusula de não concorrência para o administrador empregado ou não empregado, entre outras questões que carecem de um maior aprofundamento.

No decorrer do presente estudo ainda se constatam algumas posições sobre o tema, definidas no Tribunal de Justiça de São Paulo (TJSP) e no Superior Tribunal de Justiça (STJ).

---

um progressivo desenvolvimento" (ADAMEK, Marcelo Vieira von. *Abuso de Minoria em Direito Societário*. São Paulo: Malheiros, 2014. p. 114).

No capítulo 1, iniciam-se as discussões acerca da relação fiduciária entre o administrador e os acionistas de uma forma geral, abordando primeiro a estrutura da companhia, natureza jurídica da relação entre o administrador e sociedade, toda a questão dos deveres fiduciários do administrador, contempla a discussão sobre e importância da fixação de deveres e limitações de condutas dos indivíduos encarregados da gestão dos negócios sociais. Traz ainda a abordagem dos deveres de uma forma geral.

No capítulo 2, traz-se a discussão dos deveres específicos que foram estabelecidos na legislação brasileira, enfatizando que o foco desse capítulo recai em explorar com maior profundidade o dever de lealdade do administrador com a sociedade e de como tal dever embasa a obrigação do gestor de não praticar concorrência com a companhia.

No capítulo 3, é analisado especificamente o dever de não concorrência do administrador durante o exercício das suas funções, ou seja, quando esse ainda está na gestão da companhia. Neste capítulo, discute-se o que poderia se configurar como a prática da concorrência contra a companhia, especificando teoricamente quais atos os gestores das companhias deveriam abster-se de praticar, os quais poderiam ser configurados como prática de concorrência contra a companhia. Ainda é analisado se, com o término do mandato de administrador, cessaria imediatamente a incidência desse dever, ou se haveria uma presunção de não concorrência como uma espécie de quarentena, à qual os gestores continuariam a se sujeitar durante certo período.

No capítulo 4, é realizada especificamente a análise da não concorrência no período pós-gestão dos administradores, propondo-se a tratar da possibilidade de estipulação de uma cláusula de não concorrência com eficácia pós-mandato, com suas devidas funções e limitações.

ESTRUTURA DAS SOCIEDADES ANÔNIMAS, NATUREZA JURÍDICA E IMPOSIÇÃO DE DEVERES FIDUCIÁRIOS

1.1 Órgãos da companhia: estrutura

Antes de adentrar na questão dos deveres fiduciários do administrador, é importante entender a estrutura atual das companhias e de como tais deveres são distribuídos dentro dessa estrutura societária.

Muitos atos de vontade e decisões tomadas pelas companhias não podem ser executados por todos os acionistas, devendo ser praticados por um número mais restrito de pessoas,[8] ainda mais, tem que se repartir as funções, poderes e até estabelecer uma certa hierarquia.[9] Assim, a figura dos órgãos societários com seus administradores é essencial na vida societária.

---

[8] "Por outro lado, as decisões do dia-a-dia têm de ser atribuídas a um número mais restrito de pessoas: a um ou poucos administradores, reunidos ou não em conselho, aptos a tomar decisões rápida e eficazmente... Essa necessidade de órgãos resulta, assim, da "natureza das coisas" — das características que as relações societárias mais frequentemente assumem na vida real e das necessidades desta" (CORREIA, Luís Brito. *Os Administradores de Sociedades Anónimas*. Coimbra: Almedina, 1993. p. 69).

[9] "Nas sociedades anônimas, em substância, o direito parte do conceito de que, em consequência do número de acionistas e da variabilidade deles, o sócio, como tal, não pode administrar, direta e pessoalmente, a sociedade. Daí a distinção entre sócios e diretores; entre um órgão deliberativo (assembleia) e um órgão que preside a gestão normal da sociedade (diretores)" (ASCARELLI, Tullio. *Problemas das Sociedades Anônimas e Direito Comparado*. 1. ed. São Paulo: Quórum, 2008. p. 482).

Administrar uma sociedade significa gerir, comandar ou dar as diretrizes[10] que devem ser seguidas pela sociedade. O administrador, assim, seria o responsável por executar o objeto social.

Nas palavras do Menezes Cordeiro:

> a administração — ou condução dos negócios — surge, hoje, como o aspecto nuclear do Direito das sociedades [...]. Por seu turno, "administrador" em sentido amplo designa toda a pessoa a quem caiba, sem delegações, o manejo da sociedade [...].[11]

Nesse contexto, ao tratar da importância da função dos administradores, Fran Martins explica:

> Pela alta função que exerce na sociedade, os administradores tomam conhecimento de fatos que são ignorados por acionistas muito embora tenham importância às vezes decisiva para companhia. A marcha natural dos negócios faz com que, cabendo-lhes orientar a sociedade e gerir o seu patrimônio, tenham eles ciência de situações que podem ser decisivas para a sociedade, possibilitando a realização de bons negócios, de que, resultando lucros, redundarão benefícios para todos. Ocupam assim, os administradores posição chave na sociedade; e quase sempre o sucesso dessa depende da argúcia e da dedicação dos que a orientam ou administram.[12]

As sociedades anônimas estão estruturadas na forma orgânica.[13] Cada órgão tem suas atribuições privativas, as quais não podem ser delegadas porque são determinadas pela lei, não podendo, por esse motivo, os estatutos redistribuírem as competências entre os órgãos sociais. Além da forma da estrutura, esses órgãos não têm personalidade jurídica própria[14] e estão estruturados de acordo com uma hierarquia.[15]

---

10 CALVO, Adriana. *Diretor de uma sociedade anônima:* Patrão — empregado? São Paulo: LTr, 2006. p. 23.

11 CORDEIRO, António Manuel da Rocha e Menezes. *Direito das Sociedades II: Das sociedades em especial*. Coimbra: Edições Almedina S/A, 2014. v. 2. p. 199.

12 MARTINS, Fran. *Comentários à Lei das Sociedades Anônimas*. Rio de Janeiro: Forense, 2010. p. 580.

13 ADAMEK, Marcelo Vieira von. *Responsabilidade dos Administradores de S/A e as ações correlatas*. 1. ed. São Paulo: Saraiva, 2009. p. 15.

14 "O órgão é, pois, elemento integrante da pessoa colectiva e a vontade do órgão identifica-se com a vontade da pessoa colectiva. Não existem, portanto, relações jurídicas entre a pessoa colectiva e o órgão. O órgão não tem, como tal, personalidade jurídica própria" (CORREIA, Luís Brito. *Os Administradores de Sociedades Anónimas*. Coimbra: Almedina, 1993. p. 214).

15 "No entanto, cada um desses órgãos básicos é dotado de poder próprio, eles não se colocam no mesmo nível, mas organizam-se hierarquicamente" (COMPARATO, Fábio

Frisa-se que essa hierarquia não significa dizer que há órgãos mais importantes que outros, mas apenas que "há órgãos que se colocam em posição superior, pois regulam a eleição dos cargos de outros órgãos; e, nos limites da lei, tomam decisões que vão impor determinados comportamentos aos demais".[16]

Diante da natureza orgânica[17] da relação entre a sociedade e seu administrador, os gestores da sociedade atuam como se fossem a própria companhia,[18] não sendo nem mandatários,[19] nem representantes.[20] Assim, a vontade do órgão é a própria vontade da companhia,[21] embora existam opiniões em sentido contrário e alguns entendam que a natureza seria de um contrato *sui generis*, em face da aceitação que o administrador deve manifestar para assumir a função.[22]

Konder; SALOMÃO FILHO, Calixto. *O poder de controle na sociedade anônima*. 4. ed. Rio de Janeiro: Forense, 2005. p. 31).

16 ADAMEK, Marcelo Vieira von. *Responsabilidade dos Administradores de S/A e as ações correlatas*. 1. ed. São Paulo: Saraiva, 2009. p. 16.

17 "A primeira legislação a livrar-se claramente das peias da teoria da representação, e dessa forma, adota uma nova concepção, dita *organicista ou orgânica* — deixando de assimilar a administração à condição de mandatária e, com isso, passando a reconhecer-lhe posição orgânica dentro da própria sociedade — foi a Aktiengesetz (AktG) alemã de 1937 (em concepção posteriormente encampada também na AktG de 1965)" (ADAMEK, Marcelo Vieira von. *Responsabilidade dos Administradores de S/A e as ações correlatas*. 1. ed. São Paulo: Saraiva, 2009. p. 35).

18 "Os administradores não agem, pois, em nome da sociedade; ela própria é que manifesta sua vontade por intermédio, da pessoa física do diretor. Quando a sociedade age através de seus administradores é, pois, ela mesma quem pratica o ato jurídico; os administradores, frente a terceiros, são a própria sociedade" (PEIXOTO, Carlos Fulgêncio da Cunha. *Sociedade por ações*. São Paulo: Saraiva, 1973. v. 4. p. 38).

19 GUERREIRO, José Alexandre Tavares. Responsabilidade de Administradores de Sociedades Anônimas. *Revista de Direito Mercantil, Industrial, Econômico e Financeiro*, [s. l.], v. 20, n. 42, p. 69–88, 1981. p. 71.

20 "Uma das mais importantes características específicas do contrato de administração, que permite diferenciá-lo quer dos contratos de prestação de serviço e de mandato, quer sobretudo do contrato de trabalho subordinado, é a grande autonomia de que goza o administrador relativamente à sociedade, ou mais exactamente, à coletividade dos accionistas e ao conselho fiscal" (CORREIA, Luís Brito. *Os Administradores de Sociedades Anónimas*. Coimbra: Almedina, 1993. p. 551).

21 ABREU, Jorge Manuel Coutinho. *Curso de Direito Comercial*. Coimbra: Almedina, 2003. p. 202.

22 Em defesa dessa posição: "Verificam-se diferenças relevantes entre o contrato de administração e os tipos de contratos com que tem vindo a ser confrontado (mandato, prestação de serviço e trabalho) no que respeita à projecção do acto de uma parte, ou seus efeitos, na esfera jurídica da outra parte" (CORREIA, Luís Brito. *Os Administradores de Sociedades Anónimas*. Coimbra: Almedina, 1993. p. 535). "Atualmente, o entendimento majoritário, nessa intricada matéria, é de que a relação entre administrador e a companhia qualifica-se como contrato de administração *sui generis*" (ADAMEK, Marcelo Vieira von. *Responsabilidade dos Administradores de S/A e as ações correlatas*. 1. ed. São Paulo: Saraiva, 2009. p. 48).

Assim, quanto à prática de atos externos perante terceiros, esses atos são imputados não à pessoa do gestor, mas ao ente jurídico no qual exerce seu cargo.[23]

Além disso, os seus poderes e atribuições são decorrentes de lei, não podendo ser modificados pelo estatuto social,[24] embora tenham autonomia dentro dos limites por ela estabelecidos. Sendo assim, as competências de cada órgão, definidas na legislação societária, não podem ser delegadas, nem redistribuídas mediante decisão de assembleia geral no seu estatuto.[25]

Por outro lado, não respondem pessoalmente pelos atos regulares praticados no período da gestão social, a não ser que tenham praticado atos que tenham exorbitado as funções designadas nos estatutos sociais ou que tenham infringido à legislação.[26]

Comparato, ao tratar da estrutura das sociedades anônimas, explica:

> Ao contrário do que sucede nos demais tipos societários, a economia interna da sociedade anônima não é deixada à livre decisão de seus fundadores ou acionistas. O legislador discriminou poderes-funções considerados fundamentais, atribuindo-os à órgãos próprios, insuprimíveis e inconfundíveis: o poder-função deliberante à assembleia geral, o poder-função administrativo à diretoria, o poder-função sindicante ao conselho fiscal. A liberdade negocial dos particulares, na organização de uma companhia, é, pois, limitada pelo respeito devido a essa estrutura básica.[27]

---

[23] VALVERDE, Trajano de Miranda. *Sociedades por ações*. Rio de Janeiro: Forense, 1942. v. II. p. 275.

[24] "Art. 139. As atribuições e poderes conferidos por lei aos órgãos de administração não podem ser outorgados a outro órgão, criado por lei ou pelo estatuto" (BRASIL. *Lei nº 6.404, de 15 de dezembro de 1976*. Dispõe sobre as Sociedades por Ações. Brasília, DF: Presidência da República, 1976).

[25] "É dizer: cada órgão tem funções próprias e específicas, inconfundíveis e indelegáveis. O estatuto social, não pode, portanto, redistribuir as competências definidas em lei para um dos órgãos obrigatórios nem atribuí-las a órgãos facultativos eventualmente criados" (FRAZÃO, Ana; COELHO, Fábio Ulhoa; MENEZES, Maurício Moreira; CASTRO, Rodrigo R. Monteiro de; CAMPINHO, Sérgio. *Lei das Sociedades Anônimas Comentada*. Rio de Janeiro: Forense, 2021. p. 761).

[26] "Art. 158. O administrador não é pessoalmente responsável pelas obrigações que contrair em nome da sociedade e em virtude de ato regular de gestão; responde, porém, civilmente, pelos prejuízos que causar, quando proceder: I - dentro de suas atribuições ou poderes, com culpa ou dolo; II - com violação da lei ou do estatuto. [...]" (BRASIL. *Lei nº 6.404, de 15 de dezembro de 1976*. Dispõe sobre as Sociedades por Ações. Brasília, DF: Presidência da República, 1976).

[27] COMPARATO, Fábio Konder; SALOMÃO FILHO, Calixto. *O poder de controle na sociedade anônima*. 4. ed. Rio de Janeiro: Forense, 2005. p. 30.

Os administradores são integrantes desses órgãos e são figuras necessárias para que a sociedade possa manifestar sua vontade perante terceiros[28] e ainda perseguir a finalidade da sociedade, tanto podem ser nomeados entre os acionistas da companhia, como contratados para exercer tais funções, os denominados administradores independentes.

1.2 Natureza jurídica da relação entre a sociedade e o administrador

A questão da natureza da relação entre o administrador e a sociedade foi bastante discutida na doutrina. Alguns autores enxergam entre o administrador e a sociedade uma relação meramente orgânica. Esses autores adotaram a teoria organicista, segundo a qual os atos praticados por parte da sociedade e do administrador seriam atos unilaterais necessários para que o administrador funcione como órgão da sociedade[29] e outros entendem que haveria um contrato entre ambos.

Para os que entendem que existiriam atos meramente unilaterais,[30] haveria atos contrapostos unilaterais, sendo o ato de nomeação do administrador pela assembleia ou outro órgão competente e, posteriormente, o ato unilateral da aceitação por parte do administrador e não um negócio, em que a proposta está buscando a aceitação com a finalidade de celebração de um contrato.[31]

Ao tratar do assunto, Leães descreve:

> Para nos limitarmos à relação que vincula a pessoa física, investida em cargo de administração de uma sociedade anônima, que é o tema que hora nos preocupa, importa registrar que a resposta da doutrina e da legislação mais acreditadas oscilava entre a assimilação ao mandato ou à prestação de serviços, eis que a teoria organicista levou a desconsiderar

---

[28] "Os administradores são elementos integrantes da sociedade, necessários para que ela possa manifestar diante de terceiros a sua vontade" (EIZIRIK, Nelson. *A Lei das S/A comentada*. 4. ed. São Paulo: Quartier Latin, 2021. v. 3. p. 138).

[29] Nesta linha de pensamento: Nelson Eizirik, Orlando Gomes, José Alexandre Tavares Guerreiro, Lamy Filho e Bulhões Pedreira, Luiz Felipe Duarte Martins Costa, entre outros.

[30] "A maioria dos autores italianos mais recentes rejeita as teorias contratualistas, por considerar que a deliberação da assembleia geral, como acto interno, não é uma "proposta" destinada a encontrar-se com a 'aceitação' para dar lugar a um único negócio bilateral ou contrato [...] e considera que a designação dos administradores, enquanto órgãos da sociedade, pela assembleia geral tem natureza de uma nomeação, isto é, um acto unilateral" (CORREIA, Luís Brito. *Os Administradores de Sociedades Anónimas*. Coimbra: Almedina, 1993. p. 228).

[31] Nesta linha de pensamento: Candian, Ferri, Fiorentino, na Alemanha há esse entendimento A. Von Thur (*Ibid*, p. 351).

> tais enquadramentos, em favor de lhe emprestar a natureza estatutária, não contratual. [...] Em outras palavras: o conteúdo do vínculo jurídico que transcorre entre o administrador e a sociedade não é determinado por via consensual: a vontade da sociedade, e dos sócios, não se encontram com a vontade do administrador para gerar uma relação jurídica, eis que a investidura do cargo pelo administrador é ato unilateral e se resume na subsunção de alguém a um regime jurídico prefixado, sobre o qual a vontade do administrador não tem força jurídica para interferir.[32]

Para outros, que fazem parte da corrente contratualista, haveria um contrato entre o administrador e a sociedade, que não seria nem um contrato de prestação de serviços, nem de representação,[33] nem um contrato de trabalho, mas um contrato de natureza especial.[34] Para essa corrente, haveria entre o administrador e a sociedade um contrato bilateral, em que o administrador se obriga a prestar uma atividade de meio e não de resultado, sendo suas atribuições decorrentes da lei.

Para esses, a nomeação e a aceitação para o exercício do cargo de gestão não configuram uma relação específica diferente do contrato de sociedade,[35] pelo contrário estariam por este englobados.

1.3 Evolução histórica e composição dos órgãos na lei das S.A.

A primeira lei que regulou a estrutura da sociedade anônima foi a lei francesa de julho de 1867, a qual previu, para a estrutura da companhia, a assembleia geral, os administradores e o conselho fiscal, tendo servido

---

[32] LEÃES, Luiz Gastão Paes de Barros. *Estudos e Pareceres sobre Sociedades Anônimas*. São Paulo: Revista dos Tribunais, 1989. p. 183.

[33] "KARL LEHMAN afirma que a nomeação e a respectiva aceitação constituem um contrato e refere que a doutrina dominante no estrangeiro qualifica a relação entre a sociedade e o director como mandato, aliás no seguimento do direito romano" (CORREIA, Luís Brito. *Os Administradores de Sociedades Anónimas*. Coimbra: Almedina, 1993. p. 348).

[34] "Atualmente o entendimento majoritário, nessa intricada matéria, é de que a relação entre o administrador e a companhia qualifica-se como um contrato de administração *sui generis*" (ADAMEK, Marcelo Vieira von. *Responsabilidade dos Administradores de S/A e as ações correlatas*. 1. ed. São Paulo: Saraiva, 2009. p. 48).

[35] "Alla nomina degli amministratori da parte dell'assemblea e all'accettazione della nomina da parte di essi non si deve guardare, insomma, come all'accordo fra la società e gli amministratori per la costituzione di uno specifico rapporto contrattuale, distinto dal rapporto contrattuale di società ed aventre per oggetto l'esecuzione di quest'ultimo" (GALGANO, Francesco; GENGHINI, Riccardo. Il Nuovo Diritto Societario. *In:* GALGANO, Francesco. *Trattato di Diritto Commerciale e di Diritto Pubblico dell'economia*. 2. ed. Pádua: CEDAM, 2004. v. XXIX. p. 260).

de modelo para diversos países europeus.[36] Anteriormente, o Código de Comércio de 1807 continha apenas dez artigos sobre as sociedades anônimas, a qual estabelecia que a administração da sociedade seria composta por mandatários, assalariados ou gratuitos, com mandato fixo, não se referindo à assembleia geral nem ao conselho fiscal.

No Brasil, a Lei 6.404/76 (Lei das Sociedades Anônimas) criou o Conselho de Administração, que é órgão facultativo, sendo obrigatório nas Companhias abertas de capital autorizado e nas sociedades de economia mista. As leis anteriores que regulavam a estrutura das sociedades anônimas previam apenas 3 (três) órgãos na sua estrutura, que eram a Assembleia Geral, os diretores e o fiscal.[37]

A Lei 6.404/76 estabeleceu como órgãos obrigatórios das sociedades anônimas a Assembleia geral, a diretoria e o conselho fiscal,[38] cada qual com seus poderes e funções. O conselho de administração é órgão facultativo, exceto para as companhias abertas de capital autorizado e sociedades de economia mista, conforme dispõe o art. 138, §2, da Lei 6.404/76.

Nas sociedades de pessoas, a administração geralmente é exercida ou pelos sócios ou por seus representantes. Nas sociedades anônimas é diferente, conforme mencionado. A lei 6.404/76 estabeleceu que a administração será exercida por dois órgãos, quais sejam, a diretoria e o conselho de administração[39]ou somente pela diretoria (art. 138, *caput*

---

36 "A primeira lei a regular a estrutura da sociedade anônima compreendendo a Assembleia Geral, os administradores e o conselho de fiscalização foi a lei francesa de 14.07.1867, que instituiu a liberdade de sua constituição e serviu de modelo para legislação dos países de tradição romanística. A assembleia Geral de acionistas era órgão supremo, pois nomeava os administradores e os membros do Conselho de fiscalização, tomava anualmente as contas dos administradores e podia destituí-los; e os administradores eram considerados mandatários dos acionistas" (LAMY FILHO, Alfredo; PEDREIRA, José Luís Bulhões. *Direito das Companhias*. 2. ed. Rio de Janeiro: Forense. 2017. p. 565).

37 "As leis brasileiras das sociedades por ações anteriores à de 1976 (Lei 3.150/1882, Decreto n. 434/1891 e DL n. 2.627/1940) regulavam a organização da companhia (v. 23-1) prevendo três órgãos — Assembleia Geral, Diretores e Fiscais (ou Conselho Fiscal). A LSA criou mais um órgão administrativo — o Conselho de Administração — que somente é obrigatório nas Companhias abertas, nas que tem capital autorizado e nas sociedades de economia mista" (*Ibid*, p. 563).

38 "O legislador discriminou poderes-funções considerados fundamentais, atribuindo-os a órgãos próprios, insuprimíveis e inconfundíveis: O poder-função deliberante à assembleia geral, o poder-função administrativo à diretoria, o poder-função sindicante ao conselho fiscal" (COMPARATO, Fábio Konder; SALOMÃO FILHO, Calixto. *O poder de controle na sociedade anônima*. 4. ed. Rio de Janeiro: Forense, 2005. p. 30).

39 "Diversamente ao que ocorre nas sociedades de pessoas, nas quais a gestão dos negócios sociais é usualmente desempenhada pelos sócios diretamente ou por prepostos seus, na sociedade anônima a administração é conferida a dois órgãos: o conselho de administração e a diretoria, tendo cada um deles funções e atribuições específicas" (EIZIRIK, Nelson. *A Lei das S/A comentada*. 4. ed. São Paulo: Quartier Latin, 2021. v. 3. p. 17).

da LSA). A diretoria é composta por pelo menos 1 (um) diretor,[40] e o conselho de administração, por pelo menos 3 (três) conselheiros, não se fixando um número máximo para o órgão.

Assim, a Lei das S.A. admite dois sistemas de administração, quais sejam, o monista, em que a administração é efetivada por um órgão só, no caso pela diretoria, e o dualista, em que a administração pode ser realizada por dois órgãos, a diretoria e o conselho de administração,[41] já que o conselho de administração é órgão facultativo para as companhias fechadas.

Nesse contexto, entende-se como administradores os membros da diretoria e os membros do conselho de administração das companhias, que, como já exposto, é órgão facultativo,[42] exceto para as companhias abertas de capital autorizado e sociedades de economia mista. Essa não obrigatoriedade possibilitou que as companhias fechadas possam ser administradas por um órgão apenas, o que é viável pelo seu porte.

Além do conselho e da diretoria, os estatutos das companhias podem criar órgãos técnicos para assessoramento e consultas, assim ocorre com o conselho fiscal e os demais conselhos técnicos ou consultivos previstos no art. 160 da LSA, que não têm funções administrativas, não sendo seus membros considerados administradores, embora se equiparem a tal, sujeitando-se aos mesmos direitos e deveres dos administradores.

As atribuições dos administradores, poderes e deveres são decorrentes de lei e, por isso, não podem ser modificadas pelo estatuto social. Além disso, quando os administradores praticam atos, eles não representam a companhia simplesmente, são a própria companhia, pois por meio deles o ato está sendo praticado. Há a presentação da companhia e não uma mera representação.[43]

---

40 Alteração formulada pela Lei Complementar nº 182/2021 que passou a admitir a composição por um ou mais membros.

41 "A LSA admite dois sistemas de administração: o monista e o dualista. O sistema monista é composto apenas pela diretoria; o dualista, pela diretoria e pelo conselho de administração" (FRAZÃO, Ana; COELHO, Fábio Ulhoa; MENEZES, Maurício Moreira; CASTRO, Rodrigo R. Monteiro de; CAMPINHO, Sérgio. *Lei das Sociedades Anônimas Comentada*. Rio de Janeiro: Forense, 2021. p. 731).

42 "Embora não seja obrigatório nas companhias fechadas, o Código de Melhores Práticas da Governança Corporativa, editado pelo Instituto Brasileiro de Governança Corporativa recomenda que tais sociedades tenham conselho de administração" (PARENTE, Flávia. *O dever de diligência dos Administradores de Sociedades Anônimas*. 1. ed. Rio de Janeiro: Renovar, 2005. p. 7).

43 MIRANDA, Francisco Cavalcanti Pontes de. *Tratado de Direito Privado*. São Paulo: Revista dos Tribunais, 2012. p. 487.

No caso dos membros da diretoria, que é órgão vital da sociedade,[44] é composta por um[45] ou mais membros que podem ser eleitos e destituídos pelo conselho de administração, tem o poder de se executar a vontade social e dirigir os negócios da sociedade, detendo poderes individuais de gestão.[46] O estatuto deve dispor sobre o número de diretores, prazo da gestão e atribuições de cada diretor.

Os diretores executam as deliberações da assembleia geral e do conselho de administração, cabendo a eles a gestão regular da companhia, bem como a representação dela perante terceiros, manifestando a vontade da sociedade.

Importante ainda mencionar que pode ser diretor, acionista nomeado no estatuto da companhia, um contratado para exercer tal função ou até um empregado da companhia.

O conselho de administração, que é órgão facultativo das companhias, tem a função de orientar os negócios e fiscalizar a função dos diretores, deliberar sobre qualquer assunto de interesse social, que não seja da competência da assembleia geral, nem do conselho fiscal, assim têm o poder de decidir sobre aspectos bastante relevantes da companhia, como atuar com o intuito de perseguir os fins sociais, orientar a diretoria com o intuito de maximizar o lucro da companhia, eleger os diretores, entre outras funções.

Uma característica importante desse órgão é que, como ele é órgão de deliberação colegiada, a decisão não pode ser individual de cada conselheiro e sim deliberativa do órgão.

O conselho de administração é composto, no mínimo, por 3 membros (art. 140 da LSA), eleitos pela assembleia geral, devendo o estatuto determinar a quantidade de conselheiros que a companhia terá, respeitada a quantidade mínima determinada na legislação, e por exercerem função de confiança podem ser destituídos a qualquer tempo, por deliberação na assembleia, independente do prazo de mandato.

---

44 "A Diretoria é órgão vital da companhia; sem ela, a sociedade resta inanimada" (FRAZÃO, Ana; COELHO, Fábio Ulhoa; MENEZES, Maurício Moreira; CASTRO, Rodrigo R. Monteiro de; CAMPINHO, Sérgio. *Lei das Sociedades Anônimas Comentada*. Rio de Janeiro: Forense, 2021. p. 810).

45 "Até o advento da Lei Complementar 182/2021 o órgão deveria ser composto por pelo menos dois membros — denominados diretores —, sendo vedada a composição singular; desde então passou-se a admitir a composição por um ou mais membros" (FRAZÃO, Ana; COELHO, Fábio Ulhoa; MENEZES, Maurício Moreira; CASTRO, Rodrigo R. Monteiro de; CAMPINHO, Sérgio. *Lei das Sociedades Anônimas Comentada*. 3. ed. Rio de Janeiro: Forense, 2024. p. 602).

46 "A diretoria não é um órgão coletivo permanente (§2) na medida em que os diretores têm poderes e funções individuais de administração" (CARVALHOSA, Modesto. *Comentários à Lei das Sociedades Anônimas*. 3 ed. São Paulo: Saraiva, 2003. v. 3. p. 157).

Por outro lado, o conselho fiscal tem papel extremamente relevante nessa estrutura, na medida em que fiscaliza a contabilidade da companhia e ainda supervisiona o desempenho da função de tais administradores, exercendo o papel de fiscal dos acionistas.

Uma questão importante que diz respeito à estrutura da companhia, vale mencionar, é que, mesmo diante dessa distribuição de competências, atribuição de poderes e deveres, os administradores desses órgãos têm discricionariedade na prática dos seus atos, ou seja, dentro dos limites estabelecidos na legislação eles têm plena liberdade de agir,[47] o que significa dizer que se estabelecem regras gerais, tendo os administradores plena autonomia, dentro desses limites.

1.4 Relação fiduciária entre o administrador e a sociedade

A profissionalização cada vez maior e o aumento da escala das companhias fizeram surgir as sociedades anônimas de grande porte e consequentemente o fenômeno da dispersão acionária.

Diante de tal crescimento, que começou nos Estados Unidos, o administrador passou a ter um poder diferente, denominado, por Fábio Konder Comparato, "poder soberano de gestão",[48] já que passou a decidir, gerir e controlar a sociedade, enquanto seus acionistas apenas investiam na companhia, como meros proprietários do capital societário.

A função dos administradores gradualmente passou a ter uma crescente importância, transferindo-se os poderes de decisão e gestão dos acionistas para os órgãos sociais, assumindo, assim, o administrador papel fundamental perante a sociedade,[49] permitindo que a escolha

---

[47] "Em relação aos administradores de sociedades anônimas, o poder discricionário manifesta-se no dia a dia dos negócios da sociedade. A Lei de Sociedades por Ações e, na prática, os estatutos sociais somente estabelecem linhas gerais que orientam os atos praticados pelos administradores" (SILVA, Alexandre Couto. *Responsabilidade dos Administradores de S/A: Business Judgment Rule*. Rio de Janeiro: Elsevier, 2007. p. 111).

[48] "A tese brilhantemente defendida por ADOLPH BERLE JR. e GARDINER MEANS, nos Estados Unidos, no início da década de 30, foi a tendência marcante, nas grandes companhias americanas, para se atribuir um poder soberano de gestão aos administradores, ainda que sustentados tão-só minoria acionária. Enquanto os primeiros passaram a exercer o efetivo controle da empresa, os acionistas, embora proprietários, se resignavam a não ocupar a posição de meros prestadores de capital" (COMPARATO, Fábio Konder. *Aspectos jurídicos da macro-empresa*. São Paulo: Revista dos Tribunais, 1970. p. 69).

[49] "Nessas macroempresas, o elevado grau de organização normativa, a estabilidade da estrutura e a despersonalização dos papéis fazem com que ela ganhe o caráter de instituição e

dos membros desses órgãos seja realizada, levando em consideração a confiança que neles se deposita.

Tal fenômeno de dissociação entre a propriedade acionária e o controle empresarial,[50] que ocorre especialmente nas macrocompanhias, foi analisado detalhadamente na pesquisa de Berle e Means nos Estados Unidos,[51] os quais propuseram uma classificação do controle interno em cinco espécies, entre as quais, o controle administrativo ou gerencial.[52]

Assim, a relação entre acionistas e administradores se fortaleceu de tal forma, que estes passaram a ter poderes próprios do órgão em que ocupam a função de gestão, sendo personagens estratégicos das companhias, detentores da confiança dos acionistas. Convém mencionar as palavras de Fábio Konder Comparato ao tratar da relação acionistas — administradores das companhias:

> Os administradores das grandes companhias não deixam de frisar aos seus acionistas, sobretudo os pequenos, que são eles os verdadeiros "donos" da emprêsa, que a diretoria gere o negócio "dêles", etc. Trata-se de uma retórica muito conhecida em regime capitalista, e que tem provado politicamente os seus méritos: por um verdadeiro passe de mágica, divide-se a potência econômica de uma macro-empresa em milhões de ações de módico valor, espalhadas no mercado: ao mesmo tempo, confunde-se a terrível figura do capitalista com as feições anônimas de algumas centenas de modestos investidores.[53]

o poder empresarial passe a ser exercido pelos administradores" (LAMY FILHO, Alfredo; PEDREIRA, José Luís Bulhões. *Direito das Companhias*. 2. ed. Rio de Janeiro: Forense. 2017. p. 571).

50 "No entanto, um dos fenômenos básicos da sociedade anônima moderna, já anunciado *ante litteram* por Karl Marx e largamente demonstrado, pela primeira vez, na célebre pesquisa de Berle e Means nos Estados Unidos, com base em dados estatísticos de 1929, é a possibilidade de dissociação entre propriedade acionária e poder de comando empresarial, fenômeno que constituirá um tema recorrente dessa nossa exposição" (COMPARATO, Fábio Konder; SALOMÃO FILHO, Calixto. *O poder de controle na sociedade anônima*. 4. ed. Rio de Janeiro: Forense, 2005. p. 51–52).

51 BERLE, Adolf A.; MEANS, Gardiner C. *The Modern Corporation & Private Property*. 7. ed. New Brunswick: Transation Publisher, 2005. p. 61.

52 "O último tipo de controle, na classificação de Berle e Means é o administrativo ou gerencial (*management control*), isto é, aquele não fundado na participação acionária, mas unicamente nas prerrogativas diretoriais. É o controle interno totalmente desligado da titularidade das ações em que se divide o capital social. Dada a extrema dispersão acionária, os administradores assumem o controle empresarial de facto, transformando-se num órgão social que se autoperpetua por cooptação" (COMPARATO, Fábio Konder; SALOMÃO FILHO, Calixto. *O poder de controle na sociedade anônima*. 4. ed. Rio de Janeiro: Forense, 2005. p. 71).

53 COMPARATO, Fábio Konder. *Aspectos jurídicos da macro-empresa*. São Paulo: Revista dos Tribunais, 1970. p. 69.

A relação entre o administrador e a sociedade é fiduciária, na qual há uma direção dos interesses patrimoniais de outrem sem que o administrador passe a ser proprietário essencialmente dos bens que administra.[54]

Tal relação se assemelha a do *trustee* para com os beneficiários de um *trust*, com algumas diferenças, pois, no caso do *trust*, o patrimônio é transferido para o *trustee*, enquanto o administrador não é titular dos bens da sociedade.[55]

Ao tratar sobre essa relação entre o *trustee* e o beneficiário do *trust*, Eduardo Salomão Neto afirma:

> O *trustee* deverá administrar a propriedade envolvida no *trust* de modo a favorecer os benefícios ou objetivos a que visa o *trust*, nos termos eventualmente indicados quando da criação deste ou segundo parâmetros gerais fixados pela lei e jurisprudência.[56]

Importante ainda mencionar que a base da relação fiduciária é fundada na confiança, neste caso específico, os acionistas depositam na figura de quem vai exercer a administração da sociedade.[57]

A confiança é elemento essencial na relação fiduciária do administrador com o acionista, que, acaso seja rompida, eles podem ser destituídos, ou *ad nutum* ou mediante deliberação de Assembleia Geral.[58]

---

54 "Nos sistemas societários, em geral, é o administrador que tem os seus deveres qualificados como fiduciários. É que ele administra o patrimônio alheio, assumindo, portanto, funções semelhantes à do credor fiduciário nos negócios fiduciários. Daí porque ser assemelhado, em especial nos sistemas de *Common Law*, ao *trustee*" (SALOMÃO FILHO, Calixto. *O Novo Direito Societário:* eficácia e sustentabilidade. 5. ed. São Paulo: Saraiva, 2019. p. 298).

55 "Estruturalmente, não se pode confundir o administrador de sociedade com o *trustee*, na medida em que o primeiro não detém a titularidade dos bens da sociedade, enquanto o *trustee* é titular dos bens sob *trust*" (SALOMÃO NETO, Eduardo. *O* Trust *e o Direito Brasileiro*. São Paulo: Trevisan, 2016. p. 117).

56 *Ibid.* p. 26.

57 "Diante de todo o exposto, verificamos que a relação fiduciária é marcada pelo poder de um sujeito sobre os interesses patrimoniais de outrem (o que não necessariamente ocorre com a transferência da propriedade para o fiduciário — volta-se a sublinhar) e pelo depósito da confiança na conduta do *fiduciary* (esperança de que este agirá de maneira diligente e escorreita — ou seja, terá um padrão de conduta ético — e, ao final da relação, devolverá o controle do interesse para o fiduciante ou para o beneficiário; sendo que esta confiança pode ser subjetiva ou objetivada pelo ordenamento jurídico)" (SPINELLI, Luis Felipe. *Conflito de Interesses na Administração da Sociedade Anônima*. 1. ed. São Paulo: Malheiros, 2012. p. 53).

58 "Logo, a confiança é elemento indispensável nesta relação, perpassando todo o ciclo de existência do vínculo entre administrador e companhia; ainda, é, atualmente, objetivada (normatizada), restando consubstanciada nos deveres fiduciários, que estabelecem verdadeiras estruturas de confiança" (*Ibid*, p. 63).

Tal entendimento é corroborado ainda pela redução dos custos de transação para concretizações dos negócios[59] em que a fidúcia faz parte, os quais são bem menores do que os negócios que não têm natureza fiduciária exatamente em face da confiança ser elemento preponderante deste tipo de relação.

Nesse contexto, chamam-se de deveres fiduciários os deveres entre os administradores e acionistas, não apenas em face daqueles administrarem bens destes, mas especialmente por enfatizar a relação de confiança existente entre eles.

Assim, as duas características essenciais das relações fiduciárias que permitem que esse tipo de vínculo se diferencie dos demais são: o poder que é conferido a uma das partes sobre o patrimônio de outrem e a confiança existente entre o fiduciário e o fiduciante.[60]

A teoria segundo a qual a relação entre os administradores e a companhia é fiduciária *(fiduciary relationship)* foi desenvolvida pelos americanos, em face destes entenderem que não se tratava de um *trustee*.[61] Essa teoria estabelece que os administradores devem sempre ter sua atuação direcionada a atingir os fins da sociedade e atuando sempre em benefício de todos os acionistas.

Ainda é importante ressaltar o fato de os Estados Unidos terem um direito societário bastante desenvolvido, em termos de precedentes e normas societárias envolvendo o tema, o direito societário norte-americano serviu de base para a legislação de diversos outros países.

Assim, ao se tratar da influência dos Estados Unidos no tema da relação fiduciária existente entre o administrador e o acionista, não se pode deixar de mencionar a importância dos precedentes da Corte de Delaware, por diversos motivos,[62] entre os quais pelo direito norte-americano

---

59 "Não é difícil compreender o motivo pelo qual, nos mercados em que impera a fidúcia, costumam ser menores os custos incorridos para concretização de negócios" (FORGIONI, Paula A. *Contratos Empresariais:* Teoria Geral e Aplicação. 4. ed. São Paulo: Revista dos Tribunais, 2019b. p. 136).

60 SPINELLI, Luis Felipe. *Conflito de Interesses na Administração da Sociedade Anônima.* 1. ed. São Paulo: Malheiros, 2012. p. 46.

61 "Por entenderem que as funções de administrador não poderiam ser identificadas com a de um *trustee*, os doutrinadores norte-americanos desenvolveram a teoria do *fiduciary relationship*, segundo a qual os administradores mantêm com a companhia e seus acionistas uma relação fiduciária" (PARENTE, Flávia. *O dever de diligência dos Administradores de Sociedades Anônimas.* 1. ed. Rio de Janeiro: Renovar, 2005. p. 28).

62 "[...] daremos prioridade (e não exclusividade) à legislação e aos precedentes do Estado de Delaware, pois é a jurisdição de constituição — e, por isso, de regência — de mais da metade das companhias listadas na Bolsa de Nova York e cerca de 60%, das companhias que compõem o Fortune 500, além de ser fonte de interpretação da legislação de outros Estados [...]" (SPINELLI, Luis Felipe. *Conflito de Interesses na Administração da Sociedade Anônima.* 1. ed. São Paulo: Malheiros, 2012. p. 35).

facilitar em muito a propositura de ações judiciais pelos acionistas, além de a corte analisar, com mais frequência e atenção, a justiça das transações com conflito de interesses.[63]

Ademais da influência do direito americano, especialmente no que concerne à disciplina dos deveres fiduciários dos administradores,[64] foi observada a influência do direito anglo-saxão, sobretudo nas regras sobre a estrutura administrativa das companhias, tendo sido aplicados vários princípios do *trust* na relação de administração.[65] Aliás, o *trust* inglês, cuja origem foi com a conquista da Normandia,[66] também influenciou no desenvolvimento das sociedades por ações em diversos países da *Common Law*.

Por outro lado, na relação fiduciária existente entre a sociedade e os administradores, apesar destes não terem nenhuma obrigação de dar resultado para companhia que administram, espera-se que eles maximizem os lucros e assim deem retorno aos acionistas.[67]

Assim, os administradores têm discricionariedade e autonomia para firmar negócios em nome da sociedade, podendo muitas vezes assumir riscos, os quais devem ser avaliados e ponderados; no entanto, espera-se que estes ajam sempre em favor do interesse social e não utilizem sua posição para privilegiar outros interesses.

Dessa forma, eles se diferenciam dos acionistas, que podem ser controladores ou não, os quais podem agir de acordo com seus interesses pessoais, o que é absolutamente vedado aos administradores, que só podem agir em prol dos interesses da sociedade.[68]

---

63 "As cortes dos Estados Unidos (especialmente de Delaware) são muito mais propensas que a de outros países a analisar a justiça das transações com conflito de interesses, mesmo quando isso exija rever o mérito das escolhas empresariais eivadas de auto interesse. Além disso, o direito norte-americano facilita muito a propositura de ações judiciais pelos acionistas" (KRAAKMAN, Renier; ARMOUR, John; DAVIES, Paul; ENRIQUES, Lucas; HANSMANN, Henry; HERTIG, Gerard; HOPT, Klaus; PARGENDLER, Mariana; RINGE, Wolf-Georg; ROCK, Edward. *Anatomia do Direito Societário*: uma abordagem comparada e funcional. Tradução: Mariana Pargendler. São Paulo: Singular, 2018. p. 315).

64 SALOMÃO NETO, Eduardo. *O* Trust *e o Direito Brasileiro*. São Paulo: Trevisan, 2016. p. 131.

65 "Entretanto é nas regras sobre a estrutura administrativa das companhias, bem como nas referentes a deveres dos administradores que a influência anglo-saxônica se faz sentir com maior intensidade. O ponto é de grande importância para o desenvolvimento do presente livro, uma vez que, como já visto, as regras anglo-saxônicas relativas à administração de companhias encontram-se historicamente impregnadas por princípios afins aos aplicáveis aos *trusts*" (SALOMÃO NETO, Eduardo. *O* Trust *e o Direito Brasileiro*. São Paulo: Trevisan, 2016. p. 132).

66 *Ibid*, p. 15.

67 "Assim, espera-se, e muitas vezes, encorajam-se administradores a entrar em negócios arriscados para maximizar o retorno dos acionistas" (SILVA, Alexandre Couto. *Responsabilidade dos Administradores de S/A: Business Judgment Rule*. Rio de Janeiro: Elsevier, 2007. p. 11).

68 "La función desarrollada por los deberes generales debe consistir, pues, en disuadir a los administradores en la elección del interés propio en perjuicio del interés social" (LLEBOT

No decorrer de sua atuação, os administradores irão se deparar com inúmeras situações que não estão descritas na Lei, nem previstas no estatuto social, essas situações muitas vezes irão exigir dele uma forma de agir ou mesmo uma tomada de decisão.

Nesses tipos de situação, o administrador escolherá a melhor forma de agir e aí está o caráter fiduciário da atuação do administrador, o qual não tem a obrigatoriedade de atuar de determinada forma, mas que aja de acordo com determinados padrões de conduta[69] e sempre priorizando o interesse social.[70]

Nesse contexto, é comum correr riscos para se obter os melhores resultados, no entanto, ele não está obrigado a dar resultado, nem sua remuneração é totalmente vinculada a isso. Ele também não responde com o seu patrimônio pessoal, com base no resultado pessoal de suas decisões, isso seria até um desincentivo para que ele tomasse decisões que fossem arriscadas para a companhia.

Existe, assim, um mecanismo de proteção para tomada de decisão dos administradores, sem esse mecanismo haveria um grande desincentivo à adoção de alguma decisão que pudesse gerar risco para companhia.[71]

Assim, como decorrência da importância do papel desempenhado pelos administradores, o legislador estabeleceu limites aos quais aqueles devem se sujeitar; tais limites estão consubstanciados num leque de padrões de conduta cujos integrantes de tais cargos, dentro da estrutura da companhia, devem adotar.[72]

MAJO, Josep Oriol. *Los Deberes de Los Administradores de La Sociedad Anonima*. 1. ed. Madrid: Civitas, 1996. p. 36).

69 "For instance, the fiduciary duty of care generally provides that a fiduciary must act as a reasonably prudent person under similar circumstances in the same position" (PARGENDLER, Mariana. Modes of Gap Filling: Good Faith and Fiduciary Duties Reconsidered. *Tulane Law Review*, [*s. l.*], v. 82, 2008, p. 1315–1354. p. 1321).

70 "Não se pretende aqui trazer ou rediscutir a sempre relembrada oposição entre contratualistas e institucionalistas. Mas deixar fincado que o administrador busca um interesse que não é o próprio e, nesse sentido, cabe ao direito buscar estabelecer critérios que procurem determinar quais os interesses que ele deve perseguir e que permitam avaliar a consonância da conduta do administrador relativa a esses interesses e a um padrão reconhecido como lícito" (MENDES, Rodrigo Octávio Broglia. *Tratado de Direito Comercial*: tipos societários, Sociedade Limitada e Sociedade Anônima. São Paulo: Saraiva, 2015. v. 2. p. 149).

71 "Dessa forma, sem um mecanismo de proteção das decisões dos administradores haveria forte desestímulo para tomada de posições que engendrem algum nível de risco, o que seria desastroso para eficiência das companhias" (BORBA, Gustavo Tavares. *Conflito de interesses no ambiente societário*. São Paulo: Quartier Latin, 2023. p. 56).

72 "Dessa forma, sempre que existir uma relação fiduciária teremos a imposição de deveres fiduciários (positivos e negativos), os quais têm natureza ético-jurídica extremamente forte, alocando os interesses do fiduciante acima dos interesses pessoais do fiduciário"

1.5 A imposição de deveres fiduciários

A principal função do administrador é atingir os fins sociais, com o objetivo de obter lucro e distribuir esse resultado com os acionistas da companhia.

Em face da confiança depositada pelos acionistas na pessoa do fiduciário, a função de administrador de uma companhia ou sociedade lhe confere poder e influência sobre posições estratégicas e operacionais da empresa; de tal modo, é essencial que os administradores ajam em prol dos interesses da organização, evitando qualquer ato que possa acarretar favorecimentos próprios ou a terceiros, em prejuízo dos acionistas e ao interesse social.

Nesse contexto, já se demonstrou que os administradores são figuras essenciais nos quadros das companhias, pois são eles que tomam as decisões e dirigem à companhia de acordo com as condições estabelecidas nos estatutos sociais e na legislação, com o objetivo de cumprir os fins da sociedade. Nas sociedades anônimas, os administradores são os membros dos órgãos da companhia.

Cabe ressaltar que, ao exercerem suas funções, os administradores estão dirigindo e administrando o patrimônio alheio,[73] o que gera para eles certos poderes e uma grande responsabilidade, sendo esses os principais motivos para a atribuição de deveres e responsabilidades a eles.

Diante de tal cenário e ainda com o surgimento das macrocompanhias, passaram inclusive a comparecer às assembleias gerais e, em grande maioria, a votar pelos acionistas mediante a outorga de procurações.[74] E a continuidade de renovação de tais cargos tem se repetido de forma continuada, em face da confiança, que eles passam a cada vez mais depositar nas pessoas que ocupam essas funções, o que ocorre especialmente quando o gestor alcança bons resultados, aumentando o lucro da sociedade.

(SPINELLI, Luis Felipe. *Conflito de Interesses na Administração da Sociedade Anônima*. 1. ed. São Paulo: Malheiros, 2012. p. 58).

[73] "De fato, como gestores do patrimônio alheio, os administradores e os controladores possuem uma série de deveres para com aqueles cujo patrimônio é gerido — típicos de uma relação de fidúcia" (SCALZILLI, João Pedro. *Mercado de Capitais:* ofertas hostis e técnicas de defesa. São Paulo: Quartier Latin, 2015. p. 87).

[74] "É fácil perceber que nesse tipo de organização, embora, segundo o modelo legal, o poder supremo da companhia continue a ser da Assembleia Geral, ele é de fato exercido pelos administradores, que em regra conseguem obter da maioria dos acionistas procurações para representá-los na assembleia" (*Ibid*, p. 571).

As sociedades anônimas ampliaram o âmbito de suas atividades de tal forma que passaram não só a influenciar os acionistas, mas também seus fornecedores, empregados, investidores, colaboradores diversos, podendo até se dizer que as atividades de determinadas companhias podem chegar a influenciar a comunidade em geral.

Diante dessa ampliação, a importância do papel desempenhado pelos administradores cresceu, passando eles a exercerem parcela significativa do poder social,[75] especialmente porque os acionistas desse tipo de companhia, em sua maioria, não tinham interesse em participar da gestão das companhias, mas apenas de investir e obter retorno do seu investimento.

Tal ampliação de poderes, que à primeira vista possibilita aos acionistas terem uma gestão bastante eficiente e muitas vezes não necessitarem adentrar no dia a dia da companhia, pode, por outro lado, representar um grande risco à sociedade, haja vista a possibilidade de se colocar o patrimônio social nas mãos de profissionais que podem não ser diligentes e honestos como deveriam.[76]

Em contrapartida a tais poderes, a legislação societária estabeleceu limites à atuação dos administradores, determinando quais deveres eles estariam obrigados a cumprir em decorrência do exercício do cargo.

Os deveres dos administradores são chamados de fiduciários, porque derivam da fidúcia, que destaca a relação de confiança como elemento central. A fidúcia derivou dos romanos[77] e "era uma derivação do nome da deusa romana *fides e* constitui a base para a boa-fé".[78]

Importante enfatizar, ainda, que a formação da vontade social é manifestada por meio dos seus órgãos e balizada pelos limites estabelecidos legalmente.[79]

---

75 "Nessas macrocompanhias, o elevado grau de organização normativa, a estabilidade da estrutura e a despersonalização dos papéis fazem com que ela ganhe o caráter de instituição, e o poder empresarial passa a ser exercido pelos administradores" (LAMY FILHO, Alfredo; PEDREIRA, José Luís Bulhões. *Direito das Companhias*. 2. ed. Rio de Janeiro: Forense. 2017. p. 571).

76 "Um dos principais perigos o de colocar os interesses dos acionistas nas mãos de administradores desastrados e desonestos" (MENDONÇA, José Xavier Carvalho de. *Tratado de Direito Comercial Brasileiro*. Rio de Janeiro: Freitas Bastos, 1964. v. 4. l. 2. p. 40).

77 SCALZILLI, João Pedro. *Mercado de Capitais:* ofertas hostis e técnicas de defesa. São Paulo: Quartier Latin, 2015. p. 77.

78 CORDEIRO, António Manuel da Rocha e Menezes. *Da Boa-Fé no Direito Civil*. 5. ed. Coimbra: Almedina, 2022. p. 53.

79 "A formação da vontade social processa-se através de uma série de órgãos e deve, por isso, ser examinado o que se refere à competência de cada um deles, e, em consequência, o que se refere à competência da Assembleia e à dos diretores; em que medida a distribuição da competência recíproca é fixada legalmente e em que medida não o é; em que medida

Mesmo no Brasil, onde ainda há um histórico de concentração acionária[80] em poder de alguns acionistas, ou grupos de acionistas, em que muitas vezes o percentual acionário do controlador define membros do Conselho de administração,[81] por exemplo, o que é bastante criticado em face da independência que estes deveriam ter em relação aos membros da sociedade, tal vinculação não altera as obrigações que os administradores têm com a companhia e demais acionistas, contendo o ordenamento societário normas claras que balizam esses deveres e obrigações dos gestores perante a sociedade.[82]

Tal proteção exige dos administradores apenas que, na tomada de decisões, ajam de acordo com determinados padrões de condutas, sem exigir deles resultado. Assim, se o administrador cumprir a lei, os estatutos, for diligente e leal na tomada de decisões e não tiver seus interesses conflitados com a sociedade, não pode ser responsabilizado se a decisão se causar um dano para a sociedade.

Vale pontuar que, ao exercerem suas funções, os administradores estão dirigindo e administrando o patrimônio alheio, o que gera para eles uma grande responsabilidade, sendo este um dos principais motivos para a atribuição de deveres e responsabilidades, além de tentar impedir que o fiduciário use de sua posição para obter vantagens

---

a determinação legal é derrogável e em que medida não" (ASCARELLI, Tullio. *Problemas das Sociedades Anônimas e Direito Comparado*. 1. ed. São Paulo: Quórum, 2008. p. 509).

80 "O controle concentrado é um dado da realidade brasileira. No Brasil, é extrema a concentração acionária. De acordo com dados constantes na *White Paper on Corporate Governance in Latin America*, emitido pela Organização para Cooperação e Desenvolvimento Econômico (OCDE) em 2003, mais da metade (51%) das ações das 459 sociedades abertas pesquisadas estão em mãos de um único acionista, sendo que 65% das ações estão detidas pelos três maiores acionistas" (COMPARATO, Fábio Konder; SALOMÃO FILHO, Calixto. *O poder de controle na sociedade anônima*. 4. ed. Rio de Janeiro: Forense, 2005. p. 145).

81 "Aqui, na maioria dos casos, os conselheiros terminam sendo os próprios diretores, gerentes e empregados dos acionistas controladores ou a eles vinculados de outras formas similares, que reduzem ou eliminam a respectiva independência. Sua indicação, desde o início, nada mais representa do que a nomeação de um preposto para representar o acionista na reunião do conselho de administração, e não a indicação de um terceiro verdadeiramente independente, que irá representar, de forma não particular, o interesse de todos os acionistas" (ARAGÃO, Paulo Cezar. A disciplina do Acordo de Acionistas na reforma da lei das sociedades por ações: Lei 10.303/2001. *In:* LOBO, Jorge (coord.). *Reforma da Lei de Sociedades Anônimas:* Inovações e questões controvertidas da Lei 10.303 de 31.10.2001. Rio de Janeiro: Forense, 2002. p. 367–384. p. 376).

82 "Apesar da vinculação do conselheiro de administração constata-se do Direito Brasileiro que essa vinculação não prejudica o mercado e nem seus investidores, pois os administradores não podem se afastar de suas obrigações ou deixar de cumprir seus deveres" (SILVA, Alexandre Couto. *Responsabilidade dos Administradores de S/A: Business Judgment Rule*. Rio de Janeiro: Elsevier, 2007. p. 9).

pessoais[83] em detrimento do interesse social. Sabe-se que nesses tipos de relação, na qual uma pessoa tem autoridade sobre o patrimônio de outra, os interesses podem em determinados momentos serem divergentes.[84]

Por outro lado, os agentes econômicos muitas vezes buscam seus próprios interesses, agindo em benefício próprio e de forma oportunista, sendo impossível controlar todas as suas condutas.[85] No caso específico dos administradores, estes, agindo de forma oportunista, reduzem seu desempenho, chegando muitas vezes a desviar parte do resultado que foi prometido aos acionistas para eles próprios. São os denominados problemas de agência.

Diante desta realidade e por desempenharem função essencial na sociedade, a legislação pátria assegurou a liberdade de atuação dos administradores; no entanto, conferiu certos limites, estabelecendo poderes privativos e indelegáveis aos administradores, pautando a atuação deles, por meio do estabelecimento de condutas gerais.[86]

Tais deveres seriam próprios e decorrentes do exercício da função, os chamados deveres fiduciários dos administradores, entre os quais se encontra o dever de lealdade, cuja obrigação de não concorrer com a sociedade estaria *a priori*, por este dever englobado no rol dos deveres fiduciários dos administradores.[87]

---

83 "Em teoria econômica, a situação em questão é típica de *agency problem*. Uma *agency relationship* é uma situação em que uma pessoa (*principal*) contrata outra (*agent*), para agir em seu interesse, delegando poderes de decisão a esta" (POSNER, Richard. *Economic Analysis of Law*. 6. ed. Nova York: Aspen, 2003. p. 114).

84 "When one person exercises authority that affects anothers wealth, interests may diverge" (EASTERBROOK, Frank H.; FISCHEL, Daniel R. *The Economic Structure of Corporate Law*. 1. ed. Cambridge: Harvard University Press, 1996. p. 91).

85 "By opportunism I mean self-interest seeking with guile. This includes but is scarcely limited to more often blatant forms, such as lying, stealing, and cheating. Opportunism more often involves subtle forms of deceit" (WILLIAMSON, Oliver. *The Economic Institutions of Capitalism*. New York: Free, 1985. p. 47–49).

86 "O legislador pátrio, palmilhando a mesma rota trilhada pelas mais modernas leis societárias, em vez de procurar inutilmente restringir a atuação e o poder decisório dos administradores, por meio de preceitos rígidos e específicos para cada um dos múltiplos acontecimentos da vida negocial — no que certamente teria fracassado e contribuído para gerar maiores ineficiências por meio de um sistema inflexível —, corretamente optou, de um lado, por preservar a liberdade de atuação dos administradores, conferindo-lhes atribuições poderes privativos e (consequentemente) indelegáveis (LSA, arts.138, §1º, 139 e 144), e de outro lado, resolveu pautar o comportamento dos administradores por padrões de conduta gerais e abstratos, verdadeiras cláusulas-gerais a serem contrastadas com sua atuação específica em cada caso concreto (LSA 153 a 157), em clara aproximação técnica legislativa da *Common Law*" (ADAMEK, Marcelo Vieira von. *Responsabilidade dos Administradores de S/A e as ações correlatas*. 1. ed. São Paulo: Saraiva, 2009. p. 113).

87 "Este é um dever derivado do dever de lealdade que há mais tempo é citado pela doutrina. Lorenzo Mossa, em seu tratado, explica que o dever de não concorrência é uma expressão

Pontua-se que esses deveres estabelecem uma série de condutas, as quais o administrador está obrigado a adotar frente à empresa e aos acionistas cujo patrimônio administram, tais condutas seguem padrões de comportamentos. Essa técnica inclusive se revela muito mais eficaz em face da própria impossibilidade de se prever todo o rol de atuação dos administradores na lei.[88]

Ainda que no estatuto social se possam elencar, via contrato muito detalhado, as condutas que os administradores podem praticar ou não, retira-se deles a margem de discricionariedade, o que não é desejável,[89] além de ser muito difícil se conseguir descrever a totalidade de condutas as quais estes estariam obrigados a cumprir.

Assim, apesar de não fixar especificamente todos os atos que devem ser praticados pelos administradores, o legislador foi detalhista ao enumerar uma série de condutas desejadas, as quais os gestores das sociedades anônimas deveriam seguir e se pautar,[90] até por ser praticamente unânime na doutrina que seria impossível prever todas as condutas que podem ser praticadas pelos administradores.[91]

---

clássica 'dell'obbligo di fedelt', que inclusive, passou do direito comercial para o direito do trabalho" (AMARAL, José Romeu Garcia do. *Dever de Lealdade dos Acionistas nas Sociedades Anônimas*. 2020. Tese (Doutorado em Direito) – Faculdade de Direito, Universidade de São Paulo, São Paulo, 2020. p. 273).

88 "O conjunto de princípios previstos na Lei das S.A. consubstancia um padrão de conduta, ou *standard* de comportamento, a ser adotado pelo administrador no exercício de suas funções. A impossibilidade prática de prever todo o campo de atuação do administrador impôs que a lei fosse ampla e flexível, de modo a abranger situações diversas, infinitas e práticas político-econômicas dos vários tipos societários, ao longo do tempo. Tal flexibilidade permite permanente adequação às mutações sociais e culturais" (PARENTE, Norma Jonssen. *Tratado de Direito Empresarial:* v. 6 - Mercado de Capitais. Coleção coordenada por Modesto Carvalhosa. 2. ed. São Paulo: Revista dos Tribunais, 2018. p. 574).

89 "Investors might try to deal with these problems by combining ever more elaborate contractual structures with full-time monitors to look over the shoulders of managers. More contractual detail is an implausible solution; recall that the need for managerial discretion comes precisely from the high costs of anticipating all problems, contracting about them, and enforcing these contracts through the courts" (EASTERBROOK, Frank H.; FISCHEL, Daniel R. *The Economic Structure of Corporate Law*. 1. ed. Cambridge: Harvard University Press, 1996. p. 92).

90 "Apesar de não ter criado regulamentação rígida e específica para guiar a atuação e o poder decisório dos administradores (ditando o que poderiam, não poderiam ou deveriam fazer concretamente diante de cada situação da vida negocial), o legislador pátrio nem por isso foi econômico ou sintético na definição dos deveres" (ADAMEK, Marcelo Vieira von. *Responsabilidade dos Administradores de S/A e as ações correlatas*. 1. ed. São Paulo: Saraiva, 2009. p. 119).

91 É ponto pacífico na doutrina a impossibilidade de serem positivamente enumerados todos os atos que, dentro das suas funções normais, podem ser validamente praticados pelos administradores" (MARTINS, Fran. Poderes dos Administradores nas Sociedades Anônimas. *In:* MARTINS, Fran. *Direito Societário:* estudos e pareceres. Rio de Janeiro: Forense, 1984c. p. 112).

A enumeração foi genérica, justamente para abrigar todo um leque de atos diante da gama imprevisível de se enumerar um a um, o que se tornaria totalmente inviável.[92]

Há de se enfatizar, ainda, que tais *standards* podem ser modificados com o passar do tempo, posto que se referem aos padrões morais do momento que foram elaborados. A seção da Lei das S.A. que estabeleceu os deveres dos administradores é a seção mais importante da lei, conforme dito na própria Exposição de Motivos da Lei 6.404/76.[93] Isso significa dizer que os administradores estão livres para agir; no entanto, dentro dos limites especificados na legislação.

O tema dos deveres dos administradores ganhou grande relevância recentemente sob a denominação de Governança corporativa, especialmente após os recentes escândalos ocorridos nos Estados Unidos.[94]

A grande maioria das fraudes e irregularidades ocorridas neste período foram cometidas pelos administradores de grandes companhias, algumas delas, como a Enron, tinham suas ações valorizadas no mercado, espelhavam uma confiança do público em geral e tinham excelente reputação. Boa parte das irregularidades cometidas se deram pelos descumprimentos dos deveres fiduciários dos administradores da companhia, questões de conflitos de interesse e fraudes contábeis.[95]

Surgiu assim um movimento forte cujo cerne era a necessidade de se criar e incrementar as boas práticas de governança nas companhias,

---

92 "A opção legislativa por opção genérica da conduta esperada do administrador consiste, assim, em uma resposta à inumerável e imprevisível gama de atividades e circunstâncias que podem permear sua atuação, o que escaparia, de toda evidência, de expressa previsão legal. O *standard* é propositadamente abrangente, justamente para abrigar diversas circunstâncias e peculiaridades e não depende de qualquer regulamentação" (PARENTE, Norma Jonssen. *Tratado de Direito Empresarial:* v. 6 - Mercado de Capitais. Coleção coordenada por Modesto Carvalhosa. 3. ed. São Paulo: Revista dos Tribunais, 2022. p. 647).

93 "Exposição de Motivos 196/1976 — Os artigos 154 a 161 definem, em enumeração minuciosa, e até pedagógica, os deveres e responsabilidades dos administradores. É a seção da maior importância no Projeto porque procura fixar os padrões de comportamento dos administradores, cuja observância constitui a verdadeira defesa da minoria e torna efetiva a imprescindível responsabilidade social do empresário. Não é mais possível que a parcela do poder, em alguns casos, gigantesca, de que fruem as empresas — e, através delas, seus controladores e administradores — seja exercida em proveito apenas de sócios majoritários ou dirigentes, e não da companhia, que tem outros sócios, e em detrimento, ou sem levar em consideração, os interesses da comunidade" (BRASIL. Ministério da Fazenda. *Exposição de motivos nº 196, de 24 de junho de 1976*. Brasília, DF: MF, 1976).

94 "Um dos casos emblemáticos foi o da Enron, à época considerada a maior falência da história dos EUA, ocorrida no início de 2002" (CAMARGO, André Antunes Soares de. *Transações entre Partes Relacionadas:* um desafio regulatório e Multidisciplinar. 4 ed. São Paulo: Almedina, 2019. p. 212).

95 BRATTON, William W. Enron and The Dark Side of Shareholder Value. *Tulane Law Review*, [*s. l.*], v. 76, p. 1275–1361, 2002.

o reforço dos deveres fiduciários, a implementação de medidas de transparência na gestão e ainda a criação de mecanismos que resgatassem a confiabilidade dos acionistas e dos demais *players* do mercado, sobretudo como os investidores nas corporações, nos seus administradores, pois muitos dos problemas existentes envolviam questões de transparência, fraudes na gestão e conflitos de interesses.

Esse movimento já era antigo e em face dos escândalos recentes se difundiu no mundo, causando grande impacto no tratamento das sociedades empresariais, as quais passaram a ser cobradas por seus investidores, exigindo-se das sociedades políticas de maior transparência dos atos de gestão, adoção de práticas de governança, melhor divisão de poderes e atribuições dos órgãos, entre outras várias medidas.

Assim, em vários países, foram elaborados documentos e relatórios importantes que foram usados para discutir novos caminhos para as sociedades,[96] como nos Estados Unidos, pode-se citar o trabalho ao realizado pelo *American Law Institute* denominado *Principles of Corporate Governance: Analysis and Recomendations*, que findou na elaboração de uma série de recomendações sobre a conduta das empresas no que tange ao relacionamento com os acionistas e o mercado. Na Inglaterra, o *Relatório Cadbury*, documento que teve como premissas básicas a prestação de contas responsável e a transparência, direcionando suas recomendações a diretores e conselheiros, e ainda o importante marco na consolidação da Governança corporativa que foi a edição dos *Principles of Corporate Governance* da OCDE.[97]

No Brasil, a Governança Corporativa acompanhou os movimentos políticos e econômicos existentes no país na década de 1990. Em 1995, foi criado o Instituto Brasileiro de Governança Corporativa (IBGC) que editou o primeiro Código de Melhores Práticas de Governança Corporativa, sugerindo que o documento fosse adotado como modelo de práticas nas empresas.[98]

---

[96] "[...] a reflexão ética está se espraiando por todo o mundo e sobre todos os setores da atividade humana" (LUCCA, Newton de. *Da ética geral à ética empresarial*. São Paulo: Quartier Latin, 2009. p. 38).

[97] "Assim, justifica-se o terceiro marco da Governança Corporativa, qual seja, a edição dos *Principles of Corporate Governance* da OCDE, em 1999. Foi por meio desse trabalho que houve uma difusão, em nível global, da Governança Corporativa e uma larga propagação dos Códigos de Melhores Práticas" (LUCAS, Laís Machado. *Programas de integridade nas Sociedades Anônimas:* implementação como conteúdo do dever de diligência dos administradores. Porto Alegre: Livraria do Advogado, 2021. p. 72).

[98] LUCAS, Laís Machado. *Programas de integridade nas Sociedades Anônimas:* implementação como conteúdo do dever de diligência dos administradores. Porto Alegre: Livraria do Advogado, 2021. p. 74.

Em 2000, a Bolsa de Valores de São Paulo editou dois atos regulamentares, o Regulamento de Listagem do Novo Mercado[99] e o Regulamento de Práticas Diferenciadas de Governança Corporativa, os quais as companhias poderiam aderir a seus termos e permitiria que as companhias que os adotassem fossem vistas de forma mais positiva pelos investidores e mercado em geral.

Todas essas mudanças têm tido resultados bastante positivos, aumentando o nível de confiança, credibilidade e trazendo mais investimentos para o país.[100] Muitas alterações foram feitas no regulamento do Novo Mercado, tais como: critérios para independência de conselheiros, obrigação de divulgação de remuneração máxima dos administradores, processo de avaliação da administração, gerenciamento de riscos, entre outras.

Ainda, várias mudanças legislativas foram feitas, como na última reforma da Lei das Sociedades Anônimas, pela Lei 10.303/2001, foram aprimorados os mecanismos de informação (*disclosure*), dar tratamento mais equitativo aos minoritários, reprimir condutas ilegais (compliance) e aprimorar a fiscalização dos negócios (*accountability*).[101]

1.6 Deveres diversos dos administradores na lei das S.A.

A LSA dispõe acerca dos deveres dos administradores na seção IV do Capítulo XII da Lei, que vai do art. 153 ao art. 160 do texto legal. Trata-se de uma seção das mais importantes da Lei societária, especialmente no que se refere à estipulação de deveres que limitam os poderes dos administradores, sendo mecanismo essencial de proteção da minoria.[102]

---

99 "A ideia básica do Novo Mercado foi exatamente criar padrões diferenciados de exigências jurídicas e práticas de 'governança corporativa' que permitissem aos investidores escolher as conjugações que melhor lhes interessassem de solidez financeira e garantias jurídicas" (SALOMÃO FILHO, Calixto. *O Novo Direito Societário:* eficácia e sustentabilidade. 5. ed. São Paulo: Saraiva, 2019. p. 94).

100 "Além disso, a Bolsa de Valores Brasileira usufruiu de importante crescimento nos últimos anos. O Novo Mercado e os novos e mais elevados padrões éticos nele estabelecidos destacam-se como um dos principais motivos de tal crescimento" *Ibid*, p. 97).

101 ADAMEK, Marcelo Vieira von. *Responsabilidade dos Administradores de S/A e as ações correlatas*. 1. ed. São Paulo: Saraiva, 2009. p. 117.

102 "A seção IV do Capítulo XII da Lei das S.A. que cuida dos deveres e responsabilidades dos administradores é considerada a mais importante da lei, conforme consta da sua exposição de motivos" (PARENTE, Norma Jonssen. *Tratado de Direito Empresarial:* v. 6 - Mercado de Capitais. Coleção coordenada por Modesto Carvalhosa. 2. ed. São Paulo: Revista dos Tribunais, 2018. p. 646).

A administração das sociedades anônimas, pela legislação brasileira, é conferida a dois órgãos: o Conselho de Administração e a Diretoria.

Eles estão sujeitos a uma série de direitos e deveres, "que constitui a situação jurídica decorrente da relação de administração, e, como tal, forma o estatuto jurídico dos administradores".[103]

Esses deveres existem para proteger os acionistas no sentido de impedir que os fiduciários, nos quais aqueles depositaram sua confiança, tirem vantagem de sua posição em detrimento dos interesses sociais[104] e, ainda, para que situações desse tipo não causem prejuízo à companhia.

Dessa forma, a lei traz alguns tipos de regras, algumas delas específicas, determinando que o administrador exerça determinado tipo de conduta, por exemplo, elaborar o balanço no final de cada exercício social, demonstração do resultado do exercício (Art. 176 da LSA), convocar assembleia geral ordinária (art. 123 da LSA), entre outras regras gerais, que são os deveres genéricos dos administradores, constituindo-se em verdadeiras cláusulas gerais que podem servir para balizar inúmeras situações.[105]

As condutas a serem seguidas se consubstanciam em condutas positivas ou comissivas, como o dever de agir de acordo com o princípio da boa-fé objetiva, com lealdade aos interesses sociais, bem como o dever de diligência, o de evitar situações que configurem o conflito de interesses, o dever de informar.[106]

Como direcionamento a ser seguido, ainda tem o condão de gerar deveres anexos de conduta e de ser parâmetro de técnicas interpretativas, quando se necessitar interpretar os estatutos sociais.[107]

---

[103] ADAMEK, Marcelo Vieira von. *Responsabilidade dos Administradores de S/A e as ações correlatas*. 1. ed. São Paulo: Saraiva, 2009. p. 52.

[104] "Há, sem dúvida, boas razões para imputar deveres e atribuir responsabilidade a quem administra coisa alheia — não discrepando o direito societário, nesse particular, dos demais ramos da atuação jurídica" (PARGENDLER, Mariana. Responsabilidade Civil dos Administradores e *Business Judgment Rule* no Direito Brasileiro. *Revista dos Tribunais*, [*s. l.*], v. 104, n. 953, p. 51–74, mar. 2015).

[105] "Esses deveres, especialmente os de diligência e de lealdade (por razões que veremos mais adiante), constituem verdadeiras cláusulas gerais, que permitem sujeitar inúmeras situações a uma consequência jurídica, sem que haja necessidade de prevê-las" (SCALZILLI, João Pedro. *Mercado de Capitais:* ofertas hostis e técnicas de defesa. São Paulo: Quartier Latin, 2015. p. 89).

[106] "Entende-se, ademais, que todos os outros deveres, de caráter mais específico, são decorrentes daqueles. É o caso do dever de informar, por exemplo, intimamente ligado ao dever de lealdade" (SCALZILLI, João Pedro. *Mercado de Capitais:* ofertas hostis e técnicas de defesa. São Paulo: Quartier Latin, 2015. p. 90).

[107] "Por fim, tal qual a boa-fé objetiva, do qual se destacou e se desenvolveu, o dever societário de lealdade, além de ter potencial 'jurisgênico', apto a revelar os deveres anexos e

Nos Estados Unidos, a maioria dos doutrinadores entende que existem dois deveres para os administradores, o de diligência (*duty of care*) e o de lealdade (*duty of loyalty*) e outros deveres como o de informação, o de obediência e o de boa-fé.[108] Esses deveres estão presente praticamente na totalidade dos sistemas jurídicos da maioria dos países[109] que regulam o tema.

Por fim, importante ressaltar que não existe uma classificação unanimemente utilizada na doutrina; no entanto, geralmente as condutas associadas aos deveres estão, em sua maioria, englobadas no dever de diligência, lealdade, dever de informar e de obediência, de acordo com os artigos 153 a 158 da Lei 6.404/76.

1.7 Dever de diligência

O art. 153 da LSA estabelece o dever de diligência do administrador como um dos seus deveres fiduciários. Trata-se de um dever constante em quase todos os sistemas jurídicos e considerado como um dos deveres fiduciários mais importantes dos gestores das sociedades.[110]

Apesar de o administrador não ser necessariamente acionista da companhia, deve agir sempre no sentido de fazer cumprir os interesses da sociedade, devendo suas condutas serem direcionadas a tais interesses, como se acionista fosse. Além disso, o administrador tem responsabilidades não só perante os acionistas da sociedade, mas com os empregados e comunidade da qual participam.[111]

---

instrumentais, e de desempenhar a função de limitação ao exercício de posições jurídicas subjetivas, serve também de cânone hermenêutico, auxiliando na interpretação dos estatutos ou do contrato social" (ADAMEK, Marcelo Vieira von. *Abuso de Minoria em Direito Societário*. São Paulo: Malheiros, 2014. p. 124–125).

108 "Nos Estados Unidos, quase de maneira absoluta, afirma-se existirem, basicamente: dois deveres, o de diligência (*duty of care*) e o de lealdade (*duty of loyalty*). Os outros deveres seriam meros desdobramentos destes" (SPINELLI, Luis Felipe. *Conflito de Interesses na Administração da Sociedade Anônima*. 1. ed. São Paulo: Malheiros, 2012. p. 89).

109 "Con otras palabras, los administradores están obligados con la sociedad a desempeñar su cargo persiguiendo los intereses de la sociedad con diligencia y lealtad" (LLEBOT MAJO, Josep Oriol. *Los Deberes de Los Administradores de La Sociedad Anonima*. 1. ed. Madrid: Civitas, 1996. p. 39).

110 "O primeiro dos deveres é o de diligência, o qual constitui o mais importante — e de difícil caracterização — de todos. Sua Importância reside no fato de constituir, mais que um dever, a transposição de um princípio geral de direito, que sempre acompanha a execução de qualquer obrigação, para o âmbito da gestão das companhias" (EIZIRIK, Nelson. *A Lei das S/A comentada*. 4. ed. São Paulo: Quartier Latin, 2021. v. 3. p. 125).

111 "Eles possuem deveres que extrapolam suas obrigações com os acionistas. Foram-lhe atribuídas funções políticas, pois, na concepção da lei, os administradores da companhia têm inclusive responsabilidades sociais com os empregados e para com a comunidade

O dever de diligência estabelece que o administrador, na sua gestão, deve agir de forma cuidadosa e atuar de forma diligente com a companhia,[112] zelando pelos seus interesses conforme descrito no próprio artigo supracitado.

Nesse contexto, o dever de diligência traz a ideia de uma administração competente e zelosa, exige do gestor a diligência de um bom pai de família, com uma atuação profissional e competente.[113] A lei faz referência ao "cuidado e à diligência que todo homem ativo e probo[114] costuma empregar na administração dos seus próprios negócios".[115]

No entanto, atualmente, diante dos avanços tecnológicos e do amplo acesso à informação, entende-se que esse parâmetro de avaliação de um gestor diligente merece revisão, incluindo-se outros atributos e prática de certos atos, que se fazem necessários para se considerar um administrador diligente. Assim, o dever de diligência se desdobra em algumas outras condutas ou, como alguns autores mencionam, deveres correlatos.

Dessa forma, o administrador deverá qualificar-se para o exercício do cargo que ocupará, o que significa adquirir os conhecimentos necessários do negócio em que atua, devendo ainda agir de forma profissional e zelosa, praticando os atos necessários à consecução dos fins sociais, usando o grau de cuidado que uma pessoa prudente agiria nas mesmas circunstâncias.[116]

---

em que atua" (PARENTE, Norma Jonssen. *Tratado de Direito Empresarial:* v. 6 - Mercado de Capitais. Coleção coordenada por Modesto Carvalhosa. 3. ed. São Paulo: Revista dos Tribunais, 2022. p. 622).

[112] "Isto é, na maioria dos sistemas legais, a conduta do administrador deverá pautar-se pelo comportamento de um tipo médio, não sendo investigada a conduta que ele mesmo adotaria de acordo com a sua própria diligência" (PARENTE, Flávia. *O dever de diligência dos Administradores de Sociedades Anônimas.* 1. ed. Rio de Janeiro: Renovar, 2005. p. 37).

[113] *Ibid.* p. 41.

[114] Art. 153 da Lei 6.404/76.

[115] "Vivia-se ainda distante das sucessivas evoluções tecnológicas que conectaram países e ofereceram acesso irrestrito à informação e novas técnicas gerenciais, estimuladoras do risco empresarial. A referência que se tinha, sobretudo em uma sociedade conservadora, dominada por militares e de marcante caráter patriarcal, levava à eleição da figura do homem ativo e probo como símbolo da boa diligência. A referência merece, há tempos, revisão" (FRAZÃO, Ana; COELHO, Fábio Ulhoa; MENEZES, Maurício Moreira; CASTRO, Rodrigo R. Monteiro de; CAMPINHO, Sérgio. *Lei das Sociedades Anônimas Comentada.* 3. ed. Rio de Janeiro: Forense, 2024. p. 874).

[116] "Statutes and case law say that directors and officers owe their corporations a duty of care: they must exercise that degree of skill, diligence, and care that a reasonably prudent person would exercise in similar circumstances" (CLARK, Robert Charles. *Corporate Law.* Boston: Aspen, 1986. p 123).

Em decisão em que se discutiu a diligência do administrador, no caso *Francis v. United Jersey Bank*, assim se pronunciou a justiça americana:

> As a general rule, a director should acquire at least a rudimentary understanding of the business of the corporation. Accordingly, a director should become familiar with the fundamentals of the business in which the corporation is engaged [...]. If one feels that he has not had sufficient business experience to qualify him to perform the duties of a director, he should either acquire the knowledge by inquire, or refuse to act [...].[117]

Não pode ele escusar-se desse dever, alegando "falta de experiência ou ainda ausência de alguma competência específica" para cargo, assim, caso não tenha experiência, não deve participar da gestão da companhia.[118]

Por outro lado, ser diligente não significa que o administrador não possa errar, apenas se espera dele que pratique os atos de gestão de forma profissional,[119] cuidadosa, ativa e não tenha tanto medo de assumir riscos a ponto de ser omisso, sem ser imprudente. Assim, se um gestor da companhia comete um erro, de boa-fé e sem ser negligente, não significa que ele tenha violado o dever de diligência.[120]

Neste mesmo sentido, não tem obrigação de dar resultado econômico à companhia, podendo ele até assumir riscos, mas sem a obrigação fim do resultado satisfatório. De tal maneira, o dever de diligência é obrigação de meio e não de resultado.[121] Assim, os acionistas não podem exigir do administrador que ele traga lucro para a companhia, mas apenas que pratique todos os atos de forma a possibilitar que esse resultado aconteça.

---

[117] N.J. 432 A.2d 814, 821-822-1981, *apud* LLEBOT MAJO, Josep Oriol. *Los Deberes de Los Administradores de La Sociedad Anonima*. 1. ed. Madrid: Civitas, 1996. p. 55.

[118] SCALZILLI, João Pedro. *Mercado de Capitais:* ofertas hostis e técnicas de defesa. São Paulo: Quartier Latin, 2015. p. 93.

[119] "A exigência de um padrão gerencial baseado na capacidade profissional é um imperativo da realidade" (BULGARELLI, Waldírio. Apontamentos sobre a responsabilidade dos administradores das companhias. *Revista de Direito Mercantil, Econômico, Industrial, Financeiro*, [*s. l.*], v. 22, n. 50, p. 75–105, abr./jun. 1983).

[120] "Honest errors of judgment, made in good faith without being obviously negligent, are excused from liability and are not considered a breach of due diligence" (FERBER, Keneth S. *Corporation Law*. Nova Jersey: Prentice Hall, 2002. p. 67).

[121] "O dever de diligência é tradicionalmente considerado uma obrigação de meio e não de resultado, sob o fundamento de que o gestor precisa correr certos riscos e não é responsável pelo sucesso econômico da companhia" (FRAZÃO, Ana; COELHO, Fábio Ulhoa; MENEZES, Maurício Moreira; CASTRO, Rodrigo R. Monteiro de; CAMPINHO, Sérgio. *Lei das Sociedades Anônimas Comentada*. Rio de Janeiro: Forense, 2021. p. 886).

O gestor deve, ainda, administrar bem a companhia, o que requer um padrão de comportamento[122] que todo administrador deve ter e seja esperado de um outro gestor em circunstâncias parecidas, o padrão esperado de um gestor prudente.

Ainda tem o dever se informar, no sentido de obter todas as informações necessárias ao exercício do cargo que assumiu e para o cumprimento do interesse social. A fim de tomar decisões satisfatórias, o gestor deve estar altamente informado sobre as atividades e negócios da empresa e praticar os atos de forma informada e ponderada.[123] Além disso, deve envolver-se em todos os aspectos dos negócios da sociedade e participar do dia a dia da empresa, com o intuito de estar altamente informado sobre tudo o que acontece na companhia.

Em síntese, o dever de diligência se consubstancia num padrão de condutas ou outros deveres correlatos a serem praticadas pelo administrador, e daí a complexidade de se avaliar corretamente se houve ou não a violação deste dever, pois, além de englobar várias condutas, a análise de tais condutas varia com o decorrer do tempo, devendo sua análise ser feita de forma casuística.[124]

A definição do dever de diligência da legislação brasileira é similar à definição da maioria dos estados norte-americanos, as quais derivaram do §8.30 do *Revised Model Business Corporation Act*, de 1984.[125] O estado da Pensilvania, em julgamento do caso *Selheimer v. Manganese Corp of America*, estabeleceu parâmetros para o dever de diligência, pontuando que os administradores devem agir com um grau de diligência

---

[122] "[...] Pues bien, la sección 4.01 del AMERICAN LAW INSTITUTE, Principles of corporate governance, vo.1, cit., esp., p.138–139, formula el duty of care de los directors o administradores de la siguiente manera: '[...] (a) director has a duty to the corporation to perform the director's [...] functions [...] with the care that an ordinarily prudent person would reasonably be expected to exercise in a like position and under similar circumstances [...]'. Es claro pues que el modelo de conducta exigido es el de una 'ordinarily prudent person' y que este, en principio, parece más cercano a nuestro modelo de conducta común que al establecido para los administradores" (LLEBOT MAJO, Josep Oriol. *Los Deberes de Los Administradores de La Sociedad Anonima*. 1. ed. Madrid: Civitas, 1996. p. 51).

[123] "Ademais, ele precisa informar-se e buscar aconselhamento, quando as condições o permitam (dever de buscar informações), em especial antes de tomar decisões relevantes: agir de maneira refletida, instruída e ponderada" (ADAMEK, Marcelo Vieira von. *Responsabilidade dos Administradores de S/A e as ações correlatas*. 1. ed. São Paulo: Saraiva, 2009. p. 135).

[124] "Sua complexidade deriva da forma como foi inserido na Lei das S.A.: como um *standard*, um padrão geral de conduta, uma orientação flexível, cuja aferição não só varia no tempo como também deve ser verificada caso a caso" (EIZIRIK, Nelson. *A Lei das S/A comentada*. 4. ed. São Paulo: Quartier Latin, 2021. v. 3. p. 153).

[125] SILVA, Alexandre Couto. *Responsabilidade dos Administradores de S/A: Business Judgment Rule*. Rio de Janeiro: Elsevier, 2007. p. 14.

e cuidado que o homem médio deve ter em situações semelhantes, quando atua em seus próprios negócios.

Entre algumas condutas ou deveres correlatos que se referem ao dever de diligência, podem ser citados: o dever de obediência à lei, estatutos e deliberações da assembleia; o dever de diligência no trato dos negócios sociais; o dever de gerir os negócios sociais com competência, tirocínio e honestidade; a obrigação de fiscalizar a companhia, informar-se sobre os contratos celebrados; o dever de investigar fatos e atos de interesse da companhia; o dever de informar aos acionistas do mercado a situação real dos negócios da companhia e o dever de lealdade, atuando com ética empresarial e fidelidade ao objeto social e interesses da companhia.[126]

No tocante ao cumprimento das deliberações das assembleias, como os administradores geralmente são os destinatários de tais decisões,[127] especialmente os diretores, importante ressaltar que estes só têm o dever de cumprir as deliberações válidas das assembleias, não devendo cumprir as decisões eivadas de nulidade.[128] Sendo assim, eles devem se negar a cumprir as decisões passíveis de nulidade, sem que isso importe em violação do dever de diligência.

Cabível frisar que, apesar de o administrador ser nomeado por determinado acionista ou grupo de acionistas, no exercício da sua função, não está vinculado ao acionista ou grupo de acionistas que o elegeu, devendo sempre agir em prol da realização dos interesses sociais e não dos interesses de quem o indicou.[129]

Por fim, o dever de diligência serve como direcionamento na atuação de todos os administradores, aplica-se a todos os tipos de administradores da companhia, como diretores e conselheiros, aplicando-se ainda ao acionista controlador.

---

126 "Art. 153. O administrador da companhia deve empregar, no exercício de suas funções, o cuidado e a diligência que todo homem ativo e probo costuma empregar na administração dos seus próprios negócios" (PARENTE, Norma Jonssen. *Tratado de Direito Empresarial:* v. 6 - Mercado de Capitais. Coleção coordenada por Modesto Carvalhosa. 3. ed. São Paulo: Revista dos Tribunais, 2022. p. 646).

127 "As deliberações da assembleia-geral têm como destinatários, normalmente, os administradores. Através deles — especificamente dos diretores, a quem compete a representação da companhia, nos termos do art. 144 da Lei 6.404/76 — é que a sociedade (e não a assembleia) entrará em contato com terceiros" (FRANÇA, Erasmo Valladão Azevedo e Novaes. *Invalidade das deliberações de Assembleia das S/A:* e outros escritos sobre o tema da invalidade das deliberações sociais. 2. ed. São Paulo: Malheiros, 2017. p. 72).

128 "Conforme já se ressaltou, porém, os administradores somente têm o dever de cumprir as deliberações válidas da assembleia-geral, devendo abster-se de executar as que não se revistam de tal qualidade, sob pena de, inclusive, pessoalmente responderem por elas (v.g., §1º do art. 201, cc com o parágrafo único do art. 190, da Lei 6.404/76)" (*Ibid.*. p. 75).

129 Art. 154, §1º da Lei 6.404/76.

No que concerne aos membros do Conselho Fiscal e dos demais Conselhos técnicos ou consultivos previstos no art. 160 da LSA, apesar de não serem considerados administradores, equiparam-se a tal, sujeitando-se aos mesmos direitos e deveres dos administradores, entre os quais o dever de diligência.

1.8 *Business judgment rule*

Estando diante de um leque de deveres legais atribuídos aos administradores, a responsabilização pelo resultado dos seus atos ou decisões, em casos de suposta violação, pode ser mitigada quando aplicada a regra do *business judgment rule.*

Trata-se de uma regra do direito norte-americano[130] em que os tribunais se negam a avaliar o mérito das decisões tomadas pelos administradores. Dessa forma, protege-se o administrador por sua responsabilização nas tomadas de decisão. Assim, se o administrador agiu de forma diligente, bem-informado e de boa-fé e cometeu um erro, ele não seria responsabilizado.[131]

Essa regra serve também para incentivar o administrador a correr riscos, já que, para obter melhores resultados, muitas vezes, os acionistas esperam que os administradores assumam alguns riscos, mas sempre em prol dos interesses da sociedade.

No mesmo sentido, essa regra incentiva o administrador a tomar decisões sem ter medo de ser responsabilizado, posto que, do contrário, muitas vezes ele poderia abster-se de praticar atos com medo de ser penalizado.

O cerne da *business judgment rule* seria proteger o administrador se este tomou a decisão com cautelas, de forma racional e devidamente informado. Não significa que o administrador não possa cometer erros, mas, se o administrador tomou uma decisão equivocada, espera-se que essa tenha sido precedida desses cuidados mencionados.

---

[130] "Em sua formulação mais influente, consagrada pela decisão da Suprema Corte de Delaware no caso Aronson vs. Lewis, a *business judgment rule* cria a presunção juris tantum de que "ao tomar uma decisão empresarial, os membros do *board of directors* de uma sociedade anônima agiram de maneira informada, de boa-fé e na crença sincera de que a sua atuação atendia ao melhor interesse da companhia" (PARGENDLER, Mariana. Responsabilidade Civil dos Administradores e *Business Judgment Rule* no Direito Brasileiro. *Revista dos Tribunais*, [s. l.], v. 104, n. 953, p. 51–74, mar. 2015.).

[131] "Em outras palavras, os tribunais não desafiam as decisões negociais dos administradores quando estes cumprem com os seus deveres, atuando de boa-fé, com a diligência com que agiria uma pessoa comum prudente na mesma situação e crendo, de forma razoável que estão agindo no melhor interesse da companhia" (SCALZILLI, João Pedro. *Mercado de Capitais:* ofertas hostis e técnicas de defesa. São Paulo: Quartier Latin, 2015. p. 98).

Assim, nas palavras de Flávia Parente:

> A *business judgment rule* estabelece a presunção de que, ao decidirem a respeito da realização de determinado negócio, os administradores da companhia agiram, com conhecimento e informações adequados, com boa-fé, acreditando que suas decisões foram tomadas de maneira a melhor atender os interesses da companhia.[132]

Nos Estados Unidos, ainda se protege a decisão do administrador desde que seja desinteressada, ou seja, desde que não tenha interesse pessoal na tomada de decisão[133] e ainda que não estejam maculadas por conflito de interesses.

De tal maneira, os tribunais não entrarão no mérito da decisão e não a invalidarão se esta for tomada de forma consciente, com base em informações adequadas, de boa-fé e no interesse da companhia.[134]

Vale enfatizar que tanto o dever de diligência, quanto o dever de lealdade se relacionam com a regra do *business judgment rule,* na medida em que as decisões tomadas pelos administradores só seriam revistas ou anuladas pelo Judiciário, caso tomadas sem a informação necessária, no caso do dever de diligência e ainda sem a boa-fé necessária, seguindo as regras da companhia, no caso do dever de lealdade.[135]

Assim, nas lições de Mariana Pargendler:

> Há consolidado posicionamento jurisprudencial no sentido de que a business *judgment rule* deve ceder diante da violação ao dever de lealdade. Sempre que o autor da ação demonstrar que a decisão foi tomada por administradores que têm interesse contraposto ao da sociedade, a deliberação fica sujeita ao rigoroso teste de *entire fairness* da operação

---

[132] PARENTE, Flávia. *O dever de diligência dos Administradores de Sociedades Anônimas.* 1. ed. Rio de Janeiro: Renovar, 2005. p. 71.

[133] "Nos Estados Unidos os tribunais têm permitido a aprovação de transações por administradores desinteressados na transação em questão" (SILVA, Alexandre Couto. *Responsabilidade dos Administradores de S/A: Business Judgment Rule.* Rio de Janeiro: Elsevier, 2007. p. 157).

[134] "Assim, se os administradores agem com diligência, boa-fé e no interesse da companhia, os tribunais vão respeitar a decisão, não vão invalidá-la ou examinar sua razoabilidade, tampouco substituir o entendimento do conselho de administradores por seu entendimento" (SILVA, Alexandre Couto. *Responsabilidade dos Administradores de S/A: Business Judgment Rule.* Rio de Janeiro: Elsevier, 2007. p. 193).

[135] "Em outras palavras, os tribunais não desafiam as decisões negociais dos administradores quando estes cumprem com os seus deveres, atuando de boa-fé, com a diligência com que agiria uma pessoa comum prudente na mesma situação e crendo, de forma razoável, que estão agindo no melhor interesse da companhia" (SCALZILLI, João Pedro. *Mercado de Capitais:* ofertas hostis e técnicas de defesa. São Paulo: Quartier Latin, 2015. p. 98).

— o qual transfere aos administradores o ônus de provar que o negócio atende aos melhores interesses da companhia, observando um "processo justo" e um "preço justo", sob pena de responsabilização.[136]

É com base nesses critérios que os tribunais norte-americanos têm muitas vezes absolvido administradores por não entrarem no mérito de suas decisões, a não ser que a decisão não tenha sido tomada dentro dos padrões já mencionados.[137]

No tocante à aplicação da *business judgment rule* no Brasil, a doutrina predominante admite[138] a importância da norma e aplicação no direito brasileiro, diante da previsão do §6º do art. 159[139] da Lei 6.404/76, na qual se pode excluir a responsabilidade do administrador que agiu de boa-fé e no interesse da companhia.

Assim, a maioria dos autores[140] entende que esse dispositivo permitiu que a *business judgment rule* fosse adotada pelo direito brasileiro.[141] No entanto, seria uma "versão brasileira", posto que se diferencia em vários pontos da *business judgment rule* do direito americano.

No direito brasileiro, o juiz pode excluir o dever de indenizar do administrador, após a análise da presença dos requisitos da boa-fé e do respeito aos interesses da companhia; já no direito americano essa boa-fé se presume, a não ser que se prove a violação dos deveres fiduciários.

---

[136] PARGENDLER, Mariana. Responsabilidade Civil dos Administradores e *Business Judgment Rule* no Direito Brasileiro. *Revista dos Tribunais*, [*s. l.*], v. 104, n. 953, p. 51–74, mar. 2015.

[137] "Virtually all courts agree that directors will not be held liable for 'honest mistakes' of judgment. But most of them also say, in effect, that directors cannot act negligently (or in a grossly negligent way)" (CLARK, Robert Charles. *Corporate Law*. Boston: Aspen, 1986. p 124).

[138] Nesta linha de pensamento: FRAZÃO, Ana. *Função Social da Empresa:* repercussões sobre a responsabilidade civil de controladores e administradores de S/As. Rio de Janeiro: Renovar, 2011. p.399.

[139] O §6º do art. 159 da LSA estabelece que: "o juiz pode reconhecer a exclusão da responsabilidade do administrador, se convencido de que este agiu de boa-fé e visando ao interesse da companhia."

[140] "Creio que essa orientação, em que na essência consiste a *business judgment rule*, inclusive no que se refere aos paradigmas de conduta acima alinhados, possa ser tranquilamente observado no direito brasileiro e, assim, orientar o nosso sistema jurídico para confirmar a presunção relativa do cumprimento do dever de diligência pelos administradores (diretores e conselheiros de administração) na prática de seus atos, desestimulando a revisão judicial desses atos" (FRAZÃO, Ana; COELHO, Fábio Ulhoa; MENEZES, Maurício Moreira; CASTRO, Rodrigo R. Monteiro de; CAMPINHO, Sérgio. *Lei das Sociedades Anônimas Comentada*. Rio de Janeiro: Forense, 2021. p. 1004).

[141] "No §6º, adotou-se, também entre nós, o princípio *business judgmente rule* ('regra da decisão empresarial'), consagrada no direito societário americano" (EIZIRIK, Nelson. *A Lei das S/A comentada*. 4. ed. São Paulo: Quartier Latin, 2021. v. 3. p. 159).

No âmbito de aplicação, no Brasil a regra se aplica para todos os administradores, enquanto nos Estados Unidos se aplica apenas aos Diretores.[142]

No entanto, para Adamek, a *business judgment rule* não foi implantada do direito norte-americano para o Brasil. Segundo o autor, a regra do §6º do artigo 159 da LSA "tem ela aplicação na definição de responsabilidade civil por falta de gestão, pela bitola do dever de diligência".[143]

Importante salientar, independentemente de qualquer discussão teórica, que no Brasil o §6º do art. 159 da Lei deve ser aplicado conjugando-se com as regras do art. 158 da LSA e ainda com as regras dos artigos 153 a 160 da referida lei, os quais estabelecem o regime de responsabilização, bem como o estabelecimento dos deveres fiduciários dos administradores.

Assim, constatando-se que a decisão tomada pelo administrador, no âmbito de sua competência, foi devidamente informada, de boa-fé e respeitou os interesses da companhia, o juiz pode afastar a responsabilidade do administrador, no entanto, essa regra dever ser aplicada com cautelas e sempre no intuito de encorajar o cumprimento dos deveres fiduciários de lealdade e diligência pelos administradores.

---

[142] PARGENDLER, Mariana. Responsabilidade Civil dos Administradores e *Business Judgment Rule* no Direito Brasileiro. *Revista dos Tribunais*, [s. l.], v. 104, n. 953, p. 51–74, mar. 2015.

[143] ADAMEK, Marcelo Vieira von. *Responsabilidade dos Administradores de S/A e as ações correlatas*. 1. ed. São Paulo: Saraiva, 2009. p. 131.

CAPÍTULO 2

O DEVER DE LEALDADE SOCIETÁRIO

2.1 Fundamentos e âmbito de incidência

Na relação fiduciária existente entre o administrador e a sociedade, não só é esperado que esse seja competente e diligente, mais também que seja leal à sociedade. Como já dito, exige-se do administrador que atue conforme determinados padrões de conduta e tenha certos comportamentos, entre essas condutas, uma é de fundamental importância: que o administrador seja leal aos interesses da companhia.[144]

O dever de lealdade está fundado especialmente no princípio da boa-fé objetiva. Tal princípio no direito pátrio encontra previsão nos artigos 113, 187 e 422 do Código Civil. Por esse princípio, as partes, ao celebrarem um contrato de sociedade, devem se pautar por condutas éticas, leais, de probidade. O princípio da boa-fé objetiva determina verdadeiros padrões de conduta, os quais nas sociedades são traduzidos pelo dever de lealdade.[145]

---

144 "Sublinhe-se: a observância dos deveres de lealdade deve ter lugar no interesse da sociedade. E é esse exercício das suas funções realizando interesses próprios ou alheios" (MARTINS, Alexandre de Soveral. *Administração de Sociedades Anónimas e Reponsabilidade dos Administradores*. São Paulo: Almedina, 2020. p. 230).

145 "Na sua configuração no domínio das obrigações a expressão 'boa-fé' indica, primeiramente, um modelo de comportamento, um *standard* valorativo e concretos comportamentos humanos. Esse *standard* considera modelar justamente um agir pautado por certos valores socialmente significativos, tais como a solidariedade, a lealdade, a probidade, a cooperação e a consideração aos legítimos interesses alheios, incluindo condutas omissivas sempre que o não-fazer, ou a abstenção, for o meio indicado para concretizar tais valores sociais que, mediante o princípio da boa-fé, adquirem entidade jurídica" (MARTINS-COSTA, Judith. A boa-fé objetiva e o adimplemento das obrigações. *Revista Brasileira de Direito Comparado*, [*s. l.*], v. 49, n. 25, p. 229–281, 2004).

Assim, no que concerne aos deveres genéricos dos administradores,[146] o dever de lealdade ocupa uma posição preponderante no rol dos deveres fiduciários, sendo dever que emana do princípio da boa-fé objetiva,[147] exige dos administradores que atuem de forma honesta, dentro de padrões da ética, sem desvios, limitando ainda seus poderes, exigindo deles a prática de algumas condutas em certos casos, bem como que se abstenham da prática de alguns atos, em outros.

O ato de administrar uma sociedade exige do administrador a tomada constante de decisões, as quais são necessárias diante do leque de atividades que os administradores têm que desempenhar no dia a dia da companhia. Nesse sentido, eles devem sempre estar avaliando e decidindo, gozando de poder discricionário sobre interesses alheios, o que os faz um fiduciário por excelência.[148]

O fundamento para a exigência de cumprimento desse dever pelo administrador se explica em face do poder dele frente à sociedade e ainda por estar ele administrando patrimônio alheio,[149] que neste caso é dos demais acionistas, o que gera para a figura do administrador uma grande responsabilidade.

Em face dessa relação fiduciária existente entre os acionistas e o administrador, alguns autores chegam a afirmar que o dever de lealdade é elemento central do Direito Societário, "podendo ser moldado pelas partes, mas nunca relativizado: ou se é leal ou não se é leal, não havendo como ser mais ou menos leal".[150]

Segundo Marcelo Von Adamek,[151] parte expressiva da doutrina alemã entende que a tese da correlação, ou da coordenação entre

---

146 SPINELLI, Luis Felipe. *Conflito de Interesses na Administração da Sociedade Anônima*. 1. ed. São Paulo: Malheiros, 2012. p. 86.

147 "Os deveres de lealdade e consideração integram a ordem legal (mesmo que não positivada) do Direito Societário, pois são deveres desdobrados da boa-fé objetiva (CC, art. 422), sendo, ademais, dedutíveis da necessária conexão ético-jurídica que deve haver entre poder e responsabilidade no seu exercício" (MARTINS-COSTA, Judith. *A boa-fé no direito privado*: critérios para sua aplicação. 2. ed. São Paulo: Saraiva, 2018. p. 386).

148 SPINELLI, Luis Felipe. *Administração das Sociedades Anônimas:* lealdade e conflito de interesses. São Paulo: Almedina, 2020. p. 24.

149 "Nos sistemas societários, em geral, é o administrador que tem os seus deveres qualificados como fiduciários. É ele que administra o patrimônio alheio, assumindo, portanto, funções semelhantes às do credor fiduciário nos negócios fiduciários" (SALOMÃO FILHO, Calixto. *O Novo Direito Societário:* eficácia e sustentabilidade. 5. ed. São Paulo: Saraiva, 2019. p. 298).

150 SPINELLI, Luis Felipe. *Administração das Sociedades Anônimas:* lealdade e conflito de interesses. São Paulo: Almedina, 2020. p. 31.

151 Adamek explica que: "No direito alemão diversas teorias foram elaboradas pela doutrina para fundamentar a validade do dever societário de lealdade. As três principais teorias são as seguintes: 'teoria da persecução do fim social' que tenta extrair o dever de lealdade, um dever imanente dos sócios à persecução do fim social; 'teoria da condensação' na qual o

poder e responsabilidade, fornece o fundamento ético-social do dever de lealdade, mas, segundo o autor, o debate sobre seu fundamento perde a relevância na medida em que a existência deste dever não é questionada.[152]

Ainda na condução de suas atividades frente à companhia, deve o administrador praticar atos de gestão imbuído de boa-fé e em consonância com os interesses sociais, colocando tais interesses da sociedade acima dos seus interesses pessoais. Nesse sentido, embora no decorrer do exercício da gestão surjam oportunidades de agir em benefício próprio, espera-se que o administrador coloque os interesses sociais em primeiro lugar.[153]

Importante assinalar que o dever de lealdade não tem aplicação apenas para o administrador.[154] É praticamente consensual na doutrina que os demais acionistas[155] também têm o dever de agir com lealdade perante a companhia e entre si,[156] independente da relação de poder de tais acionistas na sociedade.[157] Adamek afirma que "o dever de lealdade

---

deve seria um destaque da regra do §242 do BGB e a 'teoria do aperfeiçoamento jurídico' na qual se defende que o dever de lealdade teria fundamento numa multiplicidade de normas jurídicas esparsas (BGB §242, 705, 708; HGB §§112 e 113; e AktG §§53ª, 117, 243, 244f e 311), a partir das quais o dever de lealdade teria sido extraído e desenvolvido, através de aperfeiçoamento jurídico pelos juízes e pela doutrina, como cláusula-geral" (ADAMEK, Marcelo Vieira von. *Abuso de Minoria em Direito Societário*. São Paulo: Malheiros, 2014. p. 113).

152 ADAMEK, Marcelo Vieira von. *Abuso de Minoria em Direito Societário*. São Paulo: Malheiros, 2014. p. 113–114.

153 "Já não parece concebível que o gerente ou administrador prossiga interesses próprios no exercício das suas funções se daí resultar um conflito com os interesses da sociedade. A observância de deveres de lealdade no interesse da sociedade parece impedi-lo" (MARTINS, Alexandre de Soveral. *Administração de Sociedades Anónimas e Reponsabilidade dos Administradores*. São Paulo: Almedina, 2020. p. 232).

154 Segundo Adamek: "Os deveres de índole fiduciária (como os de diligência e lealdade), pelo texto da lei, obrigam os administradores para com a companhia, apenas. Em princípio, portanto, não existe o dever de lealdade do administrador para com o sócio, a não ser indiretamente (isto é, na medida em que o interesse do sócio identifique-se com aquele da própria sociedade) como dever geral de lealdade societária" (ADAMEK, Marcelo Vieira von. *Responsabilidade dos Administradores de S/A e as ações correlatas*. 1. ed. São Paulo: Saraiva, 2009. p. 120).

155 "Directors, officers, and, in some situations, controlling shareholders owe their corporations, and sometimes other shareholders and investors, a fiduciary duty of loyalty" (CLARK, Robert Charles. *Corporate Law*. Boston: Aspen, 1986. p 141).

156 ADAMEK, Marcelo Vieira von. *Abuso de Minoria em Direito Societário*. São Paulo: Malheiros, 2014. p. 116.

157 "É atualmente aceite, de forma praticamente consensual, a vinculação dos sócios a estes deveres, integrantes do *status socii* independente da concreta posição de poder que cada um assume na sociedade. Ultrapassando-se como veremos, a tradicional ideia de que apenas os administradores conheceriam tais vinculações e, além deles, quando muito, os sócios maioritários, cujo papel social acabava por equivaler ao dos primeiros, justificando-se o controlo da sua atuação por via dos deveres de lealdade" (OLIVEIRA, Ana Perestrelo de. *Manual de Governo das Sociedades*. Coimbra: Almedina, 2017. p. 83–84).

aplica-se a todos os sujeitos da relação societária, na sua interação com a sociedade e com os sócios entre si."[158]

As sociedades são contratos plurilaterais, nos quais as partes são ligadas por um fim comum, o qual os diferencia dos contratos de permuta. Ascarelli, ao tratar dos contratos plurilaterais, afirma que "cada uma das partes obriga-se, de fato, para com todas as outras, e para com todas as outras adquire direitos; é natural, portanto, coordená-los, todos, em torno de um fim, de um escopo comum".[159]

Tal relação existente entre os sócios e essa finalidade comum não só determina os direitos, mas também os deveres desses sócios, entre os quais o dever de lealdade.

Alguns doutrinadores criticam a pequena atenção que foi dada aos aspectos passivos da posição dos acionistas e respectivamente, assim, aos deveres dos acionistas, sendo de extrema importância o estudo da contrapartida dos acionistas frente à sociedade.[160]

Frisa-se que o dever de lealdade estabelece padrões que devem nortear as condutas dos acionistas em todas as esferas da sociedade, tanto com relação à companhia propriamente dita, quanto nas relações dos acionistas entre si.

Dessa maneira, o dever de lealdade, fundado no princípio da boa-fé objetiva, passa a ser um "norte" que deve orientar todas as condutas dos sócios na atividade social. E nele estão contidas não só as condutas positivas como a de votar de acordo com o interesse social, mas também condutas omissivas, éticas de agir frente à sociedade e aos demais acionistas, como a de abster-se de situações de conflitos de interesses, de buscar vantagens pessoais frente aos interesses da sociedade, de não utilizar de informações privilegiadas para obter vantagens indevidas, entre outras.

A adoção de padrões de condutas para regular os deveres e responsabilidades dos acionistas surgiu da influência do direito norte-americano. No que se refere especificamente ao dever de lealdade, a LSA importou para o nosso sistema jurídico o *standard of loyalty*, no qual estabelecia tal dever como o dever fiduciário do acionista, especialmente do administrador e controlador.

---

[158] ADAMEK, Marcelo Vieira von. *Abuso de Minoria em Direito Societário*. São Paulo: Malheiros, 2014. p. 163.

[159] ASCARELLI, Tullio. *Problemas das Sociedades Anônimas e Direito Comparado*. 1. ed. São Paulo: Quórum, 2008. p. 394.

[160] "As nossas leis esmeram-se em enunciar os direitos e poderes, mas esquecem da contrapartida devida pelo sócio" (ADAMEK, Marcelo Vieira von. *Abuso de Minoria em Direito Societário*. São Paulo: Malheiros, 2014. p. 161).

Como direcionamento a ser seguido por todos os sócios ou acionistas, ainda tem o condão de gerar deveres anexos de conduta e ainda de ser parâmetro de técnicas interpretativas, quando se necessitar interpretar os estatutos sociais.[161]

O dever de lealdade não se refere apenas àquelas situações em que um acionista tem o controle da sociedade, ou a administra, mas faz parte do leque de deveres de todos os acionistas, servindo como mecanismo de proteção de condutas abusivas dentro da sociedade, trata-se de dever decorrente do *status* de sócio.

Sabe-se que o *status* de sócio de uma sociedade confere deveres aos sócios, tanto entre si e, também, destes perante a sociedade; no entanto nas sociedades anônimas a sua aplicação já suscitou controvérsias, o que atualmente não mais prevalece.[162]

Na análise da não concorrência do administrador, especificamente durante a vigência do seu mandato, o estudo do dever de lealdade é essencial, já que a obrigação de não concorrer durante o exercício da gestão é um desdobramento deste dever.[163]

Em termos práticos, a aplicação do dever de lealdade ao administrador busca evitar que estes pratiquem atos que importem em conflito de interesses frente à sociedade, devendo agir sempre em prol dos interesses da companhia e ainda evitar a autonegociação.

2.2 Evolução na doutrina e desdobramentos

A doutrina alemã envidou esforços para elaborar uma teoria unitária[164] sobre a lealdade dos administradores vinculada aos valores

---

[161] "Por fim, tal qual a boa-fé objetiva, do qual se destacou e se desenvolveu, o dever societário de lealdade, além de ter potencial "jurisgênico", apto a revelar os deveres anexos e instrumentais, e de desempenhar a função de limitação ao exercício de posições jurídicas subjetivas, serve também de cânone hermenêutico, auxiliando na interpretação dos estatutos ou do contrato social" (ADAMEK, Marcelo Vieira von. *Abuso de Minoria em Direito Societário*. São Paulo: Malheiros, 2014. p. 103).

[162] "Tais argumentos, porém, segundo entende Herbert Wiedemann, são ou de natureza conceitual (*begriffsjuristischer Natur*) ou denotam uma mal-disfarçada ideologia protetiva do controlador. Atualmente, porém, o entendimento prevalente na doutrina é no sentido de que todos os acionistas, inclusive os minoritários, estão submetidos ao dever de lealdade entre si e para com a sociedade" (ADAMEK, Marcelo Vieira von. *Abuso de Minoria em Direito Societário*. São Paulo: Malheiros, 2014. p. 115).

[163] SPINELLI, Luis Felipe. *Conflito de Interesses na Administração da Sociedade Anônima*. 1. ed. São Paulo: Malheiros, 2012. p. 165.

[164] "Entretanto, a partir do século XX houve grandes esforços, principalmente por parte da doutrina alemã, para a elaboração de uma teoria consistente sobre a lealdade dos administradores, vinculada à boa-fé, aos bons costumes e à ideia de dedicação à função"

da boa-fé e aos bons costumes, estando bastante avançada em comparação com outros países, embora alguns autores defendam que não exista uma teoria una acerca do dever de lealdade.

A jurisprudência alemã também teve papel importantíssimo na evolução de dever de lealdade, tendo primeiro reconhecido a lealdade nas sociedades de pessoas, depois nas sociedades de responsabilidade limitada e mais recentemente nas sociedades anônimas.[165]

A consagração do dever de lealdade nas sociedades limitadas ocorreu por meio de uma decisão do Supremo Tribunal Federal da Alemanha (BGH), no caso ITT,[166] o qual foi decisivo no reconhecimento da existência do dever de lealdade entre os sócios e perante a sociedade. No caso, movido pelo sócio minoritário da sociedade limitada contra o sócio majoritário da ITT, alegava ele abuso do majoritário contra os acionistas minoritários, tendo o BGH decidido ter havido violação por parte do majoritário do dever de lealdade perante os sócios e a sociedade.[167] Ainda reconheceu que o dever de lealdade também era exigível na relação dos sócios entre si.[168] Tal sentença representou um marco no reconhecimento do dever de lealdade nas sociedades de capital.

Segundo Adamek:

> nas sociedades anônimas, a doutrina mais antiga era no sentido de que os acionistas não teriam um especial dever de lealdade perante os demais membros, nem frente à sociedade,[169] senão que estariam unicamente submetidos, em função do §242 do BGB ao dever geral de conduta que rege o tráfego jurídico privado, porquanto da mera relação de participação numa sociedade anônima não seria possível derivar deveres de lealdade.[170]

Entendimento que está totalmente superado.

(FRAZÃO, Ana. *Função Social da Empresa:* repercussões sobre a responsabilidade civil de controladores e administradores de S/As. Rio de Janeiro: Renovar, 2011. p. 332). CORDEIRO, AntónioMenezes. *Direito das Sociedades.*II: Das sociedades em especial.. Ed--. Coimbra: Edições Almedina, 2014 . p. 572.

165 OLIVEIRA, Ana Perestrelo de. *Manual de Governo das Sociedades*. Coimbra: Almedina, 2017. p. 89.

166 ADAMEK, Marcelo Vieira von. *Abuso de Minoria em Direito Societário.* São Paulo: Malheiros, 2014. p. 114.

167 OLIVEIRA, op. cit.2017. p. 89.

168 ADAMEK, Marcelo Vieira von., op.cit. 2014. p. 115.

169 *Ibid* p. 115.

170 "Atualmente, porém, o entendimento prevalente na doutrina é no sentido de que todos os acionistas, inclusive os minoritários, estão submetidos ao dever de lealdade entre si e para com a sociedade" (*Ibid.* p. 116).

Para Menezes Cordeiro, no Direito Português, a lealdade "voltou a penetrar na dogmática das sociedades anônimas através da boa-fé e dos votos abusivos",[171] num primeiro momento como mecanismo de controle de excessos da maioria, tendo posteriormente se observado que a minoria também poderia cometer abusos,[172] alastrando sua aplicação para todos os acionistas, sendo indiscutível o seu papel especial no âmbito da administração.

Cabe salientar que no direito português o autor defende a utilização dos institutos da boa-fé e do abuso de direito para dirimir as situações de desarmonia do sistema, especialmente nas grandes companhias, por serem institutos mais consolidados em Portugal.[173]

O autor sugere alguns parâmetros para aferir a lealdade, para ele, a lealdade é aferida em concreto, assim, deverá se observar concretamente o ato praticado para que se determine se houve ou não violação a tal dever, ainda que, em linhas gerais, os vínculos de lealdade variam numa relação inversa da dimensão da sociedade e a lealdade atua com base na tutela da confiança, a qual exige um relacionamento-fonte.[174]

Prossegue o autor, delineando algumas hipóteses em que a deslealdade se apresentaria. Afirma ele que as manifestações de deslealdade teriam a ver com a falta de informações, com atuações concorrenciais, quebras de sigilo e atuações contraditórias.[175] Tais condutas são seguidas em outros países como exemplo de atos desleais contra as sociedades.

No Direito Espanhol, o dever de fidelidade (lealdade) está elencado como um dos deveres dos acionistas juntamente com o dever de integralizar o capital social, sendo uma forma de preservar a sobreposição dos interesses sociais frente aos interesses particulares dos acionistas.[176]

---

171 CORDEIRO, António Menezes. *Direito das Sociedades* II: Das sociedades em especial. Coimbra: Edições Almedina S/A., 2014. v. 2. p. 572.

172 WIEDEMANN, Herbert. Minderheitenschutz und Aktienhandel. Abhandlungen aus dem gesamten Bürgerlichen Recht. *Handelsrecht und Wirtschaftsrecht*, [s. *l.*], v. 35, 1968.

173 "Passemos ao Direito português. Neste momento, a instabilidade legislativa e a relativa fraqueza do tecido empresarial, a nível das grandes anónimas, aconselharia mais a sedimentação dogmática das regras legais existentes — bastante mais densas do que as alemãs, sobretudo se tivermos em conta o CVM — do que à introdução de novos conceitos indeterminados. Para reduzir os casos de manifesta contrariedade à harmonia do sistema, dispomos da boa-fé e do abuso de direito" (CORDEIRO, Antonio Menezes. Dever de não concorrência e dever de não utilização de bens pertencentes à sociedade — Anotação a STJ 30. *Revista de Direito das Sociedades*, [s. *l.*], ano 7, n. 1, p. 161–188, 2015. p. 574).

174 *Ibid.*, p. 574.

175 *Ibid* p. 574.

176 "No direito espanhol os acionistas possuem deveres de integralizar o capital social e de fidelidade. A fidelidade exige o comportamento leal frente à sociedade, de modo a proteger

No Direito Inglês, é comum especificar os deveres em dever de diligência e dever de lealdade, os quais foram desenvolvidos nas cortes inglesas como analogia aos deveres dos *trustees*.[177] Tal influência é tão intensa que os administradores das sociedades anônimas têm deveres fiduciários para com a sociedade, idênticos aos que tem um *trustee* para com os beneficiários de um *trust*.[178]

No entanto, alguns autores relacionam certos tipos de proibições de condutas que os gestores não devem praticar em decorrência do dever de lealdade (*Duty of loyalty*),[179] tais como as proibições de transacionar com a companhia (*self-dealing transactions*), apropriar-se de oportunidades, bens ou informações da companhia, entre outras, bem como condutas positivas como o dever de agir de boa-fé.

Nos Estados Unidos, a doutrina dos deveres fiduciários já é consolidada há bastante tempo, especialmente reconhecendo os deveres fiduciários como mecanismo de proteção do interesse social e da minoria.[180] Assim, reconhecem a existência de dois deveres, o de diligência e o de lealdade (*Duty of Loyalty*), e algumas vezes alguns autores americanos citam o dever de obediência[181] e outros deveres como desdobramentos daqueles.

No que concerne especificamente ao dever de lealdade, este já está consolidado na doutrina e jurisprudência norte-americanas.

---

os fins sociais e de evitar atuação que seja prejudicial aos interesses sociais" (AMARAL, José Romeu Garcia do. *Dever de Lealdade dos Acionistas nas Sociedades Anônimas*. 2020. Tese (Doutorado em Direito) – Faculdade de Direito, Universidade de São Paulo, São Paulo, 2020. p. 22).

177 "The various duties of good faith and loyalty which the law requires of directors were developed by the courts by analogy with the duties of trustees, and the analogy remain crucial. It's easy to see, historically, how this came about" (DAVIES, Paul L.; WORTHINGTON, Sarah; HARE, Christopher. *Gower Principles of Modern Company Law*. 11. ed. São Paulo: Thomson Reuters, 2021. p. 249).

178 SALOMÃO NETO, Eduardo. *O* Trust *e o Direito Brasileiro*. São Paulo: Trevisan, 2016. p. 116.

179 "[...] (5 - Out of a transaction with the company (self-dealing transactions); 6) out of the receipt from a third party of a benefit for exercising their directorial functions in a particular way; 7) out of the director's personal exploitation of the company's property, information or opportunities... The final three categories of duties are all examples of fiduciary duties of loyalty, and in particular the rule against directors putting themselves in a position in which their personal interests (or alternatively their duties to others) conflict with their duty to the company" (DAVIES, Paul L.; WORTHINGTON, Sarah; HARE, Christopher. *Gower Principles of Modern Company Law*. 11. ed. São Paulo: Thomson Reuters, 2021. p. 250).

180 AMARAL, José Romeu Garcia do. *Dever de Lealdade dos Acionistas nas Sociedades Anônimas*. 2020. Tese (Doutorado em Direito) – Faculdade de Direito, Universidade de São Paulo, São Paulo, 2020. p. 22.

181 "The duties of a corporate fiduciary, generally, are loyalty, obedience and due care. Theses duties are sometimes statutory, sometimes *Common Law* and sometimes both" (FERBER, Keneth S. *Corporation Law*. Nova Jersey: Prentice Hall, 2002. p. 66).

As cortes de Delaware são conhecidas pelo exame minucioso dos casos que envolvem discussões acerca do dever de lealdade e ainda pela formulação de normas de comportamento equitativo.[182]

Em vários casos julgados nas cortes americanas, como exemplo, no caso *Wilkes v. Springside Nursing Home*,[183] julgado no Tribunal de Massachussets, os tribunais têm ressaltado a importância do dever de lealdade entre os acionistas entre si e perante a sociedade.

Na realidade, o dever de lealdade é um dos deveres que constituem o cerne a responsabilidade civil dos administradores, tendo vários desdobramentos, ora os proibindo de ocupar certos cargos administrativos, ora os orientando de forma que cumpram os padrões de conduta inerentes ao cargo que ocupam, ainda os proibindo de obter vantagens pessoais.

Apesar de sua importância, não existe um conceito legal do que seria o dever de lealdade já que tal dever se consubstancia numa série de condutas, com sentidos e conotações diferentes.[184]

Existiram várias tentativas por parte da doutrina de delimitar o dever de lealdade, já tendo sido atribuída a esse dever uma série de conceitos. Para uns, seria dever mais abrangente que a fidelidade[185] aos acionistas e à companhia, com significado de probidade, honestidade,[186] boa-fé; ainda alguns entendem que o dever de lealdade se constituiria como o respeito a supremacia do interesse social que se sobrepõe aos interesses do administrador.[187]

---

182 "As cortes de Delaware, em especial, são conhecidas pelo exame cuidadoso das questões de justiça procedimental (*procedural fairness*) e pela formulação agressiva de normas de comportamento equitativo, o que inclui repreender os administradores quando as condições da transação não são compatíveis com as de uma transação entre partes independentes" (KRAAKMAN, Renier; ARMOUR, John; DAVIES, Paul; ENRIQUES, Lucas; HANSMANN, Henry; HERTIG, Gerard; HOPT, Klaus; PARGENDLER, Mariana; RINGE, Wolf-Georg; ROCK, Edward. *Anatomia do Direito Societário*: uma abordagem comparada e funcional. Tradução: Mariana Pargendler. São Paulo: Singular, 2018. p. 310).

183 AMARAL, José Romeu Garcia do. *Dever de Lealdade dos Acionistas nas Sociedades Anônimas*. 2020. Tese (Doutorado em Direito) – Faculdade de Direito, Universidade de São Paulo, São Paulo, 2020. p. 165.

184 "Entretanto, apesar da importância que tem, árdua é a tarefa de defini-lo, já que apresenta diversos sentidos e conotações" (SPINELLI, Luis Felipe. *Conflito de Interesses na Administração da Sociedade Anônima*. 1. ed. São Paulo: Malheiros, 2012. p. 97).

185 "Fidelidade é obediência irredutível e cega; lealdade é a retidão do procedimento em relação a alguém, com o apoio devotado, mas consciente. Pode ser fiel, sem ser leal" (CARMO, Eduardo de Sousa. *Relações Jurídicas na Administração da S/A*. Rio de Janeiro: Aide, 1988. p. 128).

186 "A lealdade, repelindo a fé púnica, envolve, prevalentemente, o significado de submissão às leis da probidade e da honestidade. [...] Na esfera do direito societário, lealdade traduz-se em agir sem desvios, retamente, sem precificar ao interesse da pessoa jurídica" (*Ibid.*, p. 128).

187 PARENTE, Flávia. *O dever de diligência dos Administradores de Sociedades Anônimas*. 1. ed. Rio de Janeiro: Renovar, 2005. p. 150.

É indiscutível que a lealdade se origina do princípio da boa-fé objetiva, princípio o qual deve ser seguido pelas partes, especialmente nas suas relações empresariais, coordenando o comportamento das partes e sua forma de agir.

Com relação ao direito societário, devendo os sócios convergirem seus esforços em prol do fim comum, a boa-fé estaria na matriz do dever de lealdade, ditando como os direitos e os deveres dos sócios devem ser exercidos.[188]

Nesse contexto, para Judith Martins-Costa, o dever de lealdade fundado na boa-fé se abriria em três vertentes, como um dever geral, que deve ser observado pelos sócios, acionistas e quotistas das sociedades, como dever fiduciário, para que a confiança depositada não seja perdida e como o dever do administrador de não utilizar da sua posição, visando a benefício próprio.[189]

A maioria, no entanto, prefere, ao invés de conceituar tal dever, arrolar as condutas que seriam proibidas pela legislação e são considerados atos desleais para com a sociedade.

Além disso, o dever de lealdade tem alguns desdobramentos, algumas vezes de caráter preventivo, o administrador ou gestor estaria impedido de exercer certos cargos ou posições como ocorre com algumas restrições dos conselheiros ocupar certos cargos na sociedade, outras vezes de caráter regulatório orientando a atuação dos gestores, mediante o estabelecimento de condutas determinadas para atuação e nestes casos estabelecendo a responsabilização pessoal do gestor, em casos de descumprimentos.[190]

Segundo Clark, o dever de lealdade seria um conceito residual que poderia incluir situações da mais variadas, que ninguém poderia prever e que podem ser diferentes conforme o tempo, isso, conforme o autor, permitiria uma evolução constante do *corporate law*.[191]

---

[188] MARTINS-COSTA, Judith. *A boa-fé no direito privado*: critérios para sua aplicação. 2. ed. São Paulo: Saraiva, 2018. p. 313.

[189] *Ibid.*, p. 313.

[190] "Já na hipótese regulatória, o dever de lealdade assume a função de parâmetro de conduta, de forma a orientar a ação dos gestores, prevendo igualmente sanções para o seu descumprimento, como é o caso da responsabilidade civil pessoal do gestor ou mesmo do acionista que violar tais comandos" (FRAZÃO, Ana. *Função Social da Empresa:* repercussões sobre a responsabilidade civil de controladores e administradores de S/As. Rio de Janeiro: Renovar, 2011. p. 334).

[191] "Most importantly, this general fiduciary duty of loyalty is a residual concept that can include factual situations that no one has foreseen and categorized. The general duty permits, and in fact has led to, a continuous evolution of corporate law" (CLARK, Robert Charles. *Corporate Law*. Boston: Aspen, 1986. p 141).

Dessa forma, desdobra-se em duas frentes, como cláusula geral, adaptando-se a novos fatos, o que permitiria a evolução do direito societário, servindo para superar conflitos societários cuja solução não se encontra na lei, nem no contrato social e como fonte de uma série de condutas vedadas transformando o princípio em regras de condutas.[192] Assim, os dispositivos referentes ao dever de lealdade podem ser aplicados para balizar outros comportamentos de administradores em contextos diferentes.

2.3 Conteúdo dúplice[193] e interesse social

O dever de lealdade tem conteúdo dúplice: por um lado se exige um dever de caráter positivo, em que o administrador atue de acordo com os objetivos da companhia e com o fim social sempre por comportamentos ativos e outro de caráter negativo, no sentido de que o administrador deve abster-se de praticar atos que causem danos tanto à companhia, quantos aos acionistas em geral[194] e ainda que se abstenha de praticar atos que sejam nocivos ao interesse social.

O conteúdo positivo do dever de lealdade estabelece que o administrador deve sempre agir em prol dos interesses da companhia. Dessa forma, deve sempre ser leal e agir para o bem da empresa e não em favor dos seus interesses particulares. Como exemplo do caráter positivo do dever de lealdade seria o dever de coerência que o administrador deve ter, ao gerir a sociedade, evitando comportamentos contraditórios.

Ao constituir uma sociedade, os sócios ligam-se entre si por intermédio de um contrato plurilateral, no qual e devem convergir na realização do interesse social, ou seja, o interesse comum de todos os sócios e não buscar seus interesses particulares. Nesse contexto, os sócios buscam maximizar a eficiência da empresa tentando ampliar, cada vez mais, os lucros daquela empresa que estão constituindo. O administrador deve realizar sua gestão buscando sempre atingir tais interesses da sociedade.

---

[192] FRAZÃO, Ana. *Função Social da Empresa:* repercussões sobre a responsabilidade civil de controladores e administradores de S/As. Rio de Janeiro: Renovar, 2011. p. 335.

[193] FRAZÃO, Ana. *Função Social da Empresa:* repercussões sobre a responsabilidade civil de controladores e administradores de S/As. Rio de Janeiro: Renovar, 2011. p. 335.

[194] AMARAL, José Romeu Garcia do. *Dever de Lealdade dos Acionistas nas Sociedades Anônimas.* 2020. Tese (Doutorado em Direito) – Faculdade de Direito, Universidade de São Paulo, São Paulo, 2020. p. 242.

Nesse contexto, ao tratar de interesse social, Erasmo Valladão esclarece:

> Com efeito, os sócios, além dos seus interesses individuais, podem ter vários interesses comuns, não necessariamente ligados à sua posição de sócio. Por essa razão, parte prevalente da doutrina acrescenta que o interesse social é o interesse comum dos sócios enquanto sócios (*uti socii e não utiindividui*). O interesse social, assim concebido, não se identifica com outros interesses comuns dos sócios, nem representa uma somatória dos seus direitos individuais, mas é um interesse *ex causa societatis*, decorrente do seu *status socii*.[195]

Dessa forma, devem eles buscar o interesse da causa da sociedade, o que fez com que eles se reunissem para desenvolver uma atividade e é sobre esse interesse que as suas atividades devem estar convergindo, o interesse resultante do seu status de sócio e que o administrador deve sempre perquirir.

Leães afirma no mesmo sentido, o interesse social consistiria nos interesses dos sócios à realização do objetivo comum,[196] ou seja, a realização do escopo social.

Assim, o dever de lealdade tem ainda uma dimensão principiológica que apresenta uma "conexão visceral"[197] com o interesse social.

Sabe-se que, no desempenho de suas atividades, o administrador irá se deparar com oportunidades comerciais que surgirão e poderão ser benéficas à companhia, bem como terá acesso a várias informações do mercado que podem ser favoráveis à companhia. Deve ele sempre agir com lealdade e de forma a atender o bem da sociedade, buscando sempre utilizar-se das oportunidades que aparecem, bem como das informações ou qualquer outro benefício ao qual tenha acesso a favor do interesse da sociedade.

Nesse sentido, não pode ele nem agir em benefício próprio, nem se omitir da prática de quaisquer atos que importem em benefícios e vantagens para a companhia, sendo certo que a omissão do gestor, pode sim, importar em violação ao dever de lealdade,[198] devendo obviamente ficar demonstrada em caso concreto tais omissões.

---

[195] FRANÇA, Erasmo Valladão Azevedo e Novaes. *Conflito de Interesses nas Assembléias de S.A. (e outros escritos sobre conflitos de interesses)*. 2. ed. São Paulo: Malheiros, 2014. p. 43.

[196] LEÃES, Luiz Gastão Paes de Barros. *Comentários à Lei das Sociedades Anônimas*. São Paulo: Saraiva, 1978. v. 2. p. 245.

[197] FRAZÃO, Ana. *Função Social da Empresa:* repercussões sobre a responsabilidade civil de controladores e administradores de S/As. Rio de Janeiro: Renovar, 2011. p. 335.

[198] "A lei também considera falta ao dever de lealdade o não agora, a inércia, o deixar de lado, o esquecimento e, nas palavras da lei, a omissão do administrador na proteção dos

Por outro lado, de acordo com o conteúdo negativo do dever de lealdade, deverá o administrador abster-se de praticar atos que possam dificultar ou impedir a companhia de atingir seus fins e ainda de praticar quaisquer atos que causem danos ou prejudiquem à companhia de alguma forma.

Neste dever de caráter negativo, cita-se como exemplo, o dever de não concorrer com a companhia, de não se aproveitar de oportunidades comerciais da companhia para obter vantagens pessoais, hipóteses de *self-dealing, insider trading,* bem como inúmeras outras condutas vedadas.

O dever de lealdade também se relaciona com outros deveres, aos quais os gestores estão vinculados, tais como sua vinculação com o dever de diligência,[199] dever de agir em prol da empresa, o dever de sigilo, informação, entre outros.

2.4 Função do dever de lealdade societário

O dever de lealdade societário tem algumas funções,[200] entre as quais a função de controlar e limitar o poder da maioria no exercício da sua influência perante a sociedade,[201] sendo o ponto de conexão mais adequado para realização deste controle e atuando, em contrapartida, como uma forma de mecanismo de proteção da minoria societária.

---

direitos da companhia ou no aproveitamento de oportunidades de negócios que sejam de interesse da companhia, tal como positivado no inciso II do art. 155 da Lei das S.A." (PARENTE, Norma Jonssen. *Tratado de Direito Empresarial:* v. 6 - Mercado de Capitais. Coleção coordenada por Modesto Carvalhosa. 3. ed. São Paulo: Revista dos Tribunais, 2022. p. 659).

199 "O dever de diligência, que cada vez mais está atrelado à lealdade, do que decorre a dificuldade até mesmo de catalogar determinadas condutas como violação a apenas um dos deveres, já que o ato desleal pode ser também considerado como um ato de descuido e imprudência em relação ao dever de perseguir o interesse social" (FRAZÃO, Ana. *Função Social da Empresa:* repercussões sobre a responsabilidade civil de controladores e administradores de S/As. Rio de Janeiro: Renovar, 2011. p. 336).

200 Adamek menciona que Wiedemann aponta três funções para o dever de lealdade. Segundo Wiedemann: "A primeira função é a de limitação ao direito de cada sócio isoladamente no exercício dos seus direitos de coparticipação e fiscalização: cada um está obrigado a levar em conta os interesses da organização societária e dos demais sócios. Trata-se, pois, da especial conformação da boa-fé objetiva no direito societário. A segunda função é de fundamentar os deveres que cada sócio assume numa sociedade de pessoas: a confiança recíproca é uma condição da existência e do bom resultado de um grupo primário; [...] A terceira função é a de servir de limitação do direito da maioria no exercício de sua influência jurídica ou fática sobre a sociedade ou a sua empresa" (ADAMEK, Marcelo Vieira von. *Abuso de Minoria em Direito Societário.* São Paulo: Malheiros, 2014. p. 121).

201 *Ibid,* p. 121.

Segundo Lorenzo Mossa,[202] o dever de lealdade teria a função de "regular como uma balança, e por consequência, equilibrar, na sua constância, a vida social." Nesse mesmo contexto, importante enfatizar que o dever de lealdade ao exercer esse controle abre espaço para que o direito societário desenvolva seus próprios critérios valorativos, além disso, serve como parâmetro de interpretação de estatutos e contratos sociais.

Ainda teria a função de limitar direitos de fiscalização e administração por qualquer sócio, o que exige que estes tenham que exercer os seus direitos observando sempre o interesse social, ainda de fundamentar os deveres societários dos sócios que estes assumem na sociedade de pessoas e limitar os poderes, jurídicos e de fato, do sócio majoritário de influenciar e decidir sobre a vida da sociedade, estabelecendo um dever de lealdade da maioria perante a minoria.

Nesse sentido, o Prof. Erasmo Valladão França esclarece que "da constatação de que uma maioria estável impõe sua vontade à minoria, que, por sua vez, se acha em uma situação jurídica de sujeição, surgiu a ideia, correlata, de que aquela tem um dever de lealdade para com esta".[203]

Frisa-se que a intensidade do dever de lealdade depende da estrutura que a sociedade se revestirá; sendo assim, nas sociedades de conteúdo personalíssimo, a intensidade do dever de lealdade será mais fortemente sentida, enquanto nas sociedades capitalistas a intensidade será menos sentida, embora este dever jamais poderá ser excluído totalmente.

2.5 Vínculos e destinatários do dever de lealdade societário

Com a aquisição do status de sócio (*status socii*) de uma companhia, estabelecem-se entre estes acionistas e os demais e ainda entre o acionista e a companhia vínculos decorrentes da relação societária, como já exposto, não só estabelece os direitos, mas como já discorrido, estabelecem uma relação maior do que a contida no estatuto social, estabelece deveres os quais devem ser por este cumpridos.

---

202 MOSSA, Lorenzo. *Trattato del nuovo diritto commerciale*. Pádua: CEDAM, 1951. v. II. p. 412 *apud* AMARAL, José Romeu Garcia do. *Dever de Lealdade dos Acionistas nas Sociedades Anônimas*. 2020. Tese (Doutorado em Direito) – Faculdade de Direito, Universidade de São Paulo, São Paulo, 2020. p. 242.

203 FRANÇA, Erasmo Valladão Azevedo e Novaes (coord.). *Direito Societário Contemporâneo II*. São Paulo: Malheiros, 2015. p. 357.

Tais deveres, entre os quais o dever de lealdade, devem ser cumpridos por todos os acionistas da companhia, servindo para limitar os poderes desses, bem como dos administradores e controladores.

Além dos deveres, a qualidade de sócio ainda estabelece para com estes, uma vinculação às leis e princípios que se aplicam às sociedades de uma forma geral, o que ocorre por exemplo, com o princípio da boa-fé objetiva, função social da empresa, estabelecidos no art. 422 do Código Civil e aplicável às sociedades anônimas em face da unificação do direito privado, estabelecida no Código Civil de 2002.[204]

Nesse contexto, qualquer acionista da companhia, independentemente de sua posição na sociedade está vinculado ao princípio da boa-fé objetiva,[205] devendo assim obedecer a padrão de conduta compatível com tal princípio, o qual deve ser observado não apenas pelo controlador da sociedade, nem só pelo administrador.

Por outro lado, o vínculo de lealdade pode não vir expresso no contrato social, ora, como já discorrido, o dever de lealdade tem uma faceta principiológica,[206] que ocasiona que a sua aplicação independa de qualquer previsão no contrato que rege à sociedade. O fato de o sócio ou acionista passar a integrar à sociedade já acarreta que esse vínculo seja gerado.

Segundo Wiedemann, existem duas características dos vínculos de lealdade que merecem reconhecimento da doutrina e jurisprudência, quais sejam, a de que o dever de lealdade constitui uma cláusula geral e ainda a que ele dever ser caracterizado como dever de auxílio e consideração.[207]

Assim, o dever de auxílio impõe esforços (cooperação) por parte dos integrantes da sociedade no sentido de manter um comportamento compatível com os interesses da sociedade e o dever de consideração restringe os direitos existentes, limitando assim os direitos dos sócios.[208]

---

204 AMARAL, José Romeu Garcia do. *Dever de Lealdade dos Acionistas nas Sociedades Anônimas*. 2020. Tese (Doutorado em Direito) – Faculdade de Direito, Universidade de São Paulo, São Paulo, 2020. p. 149.

205 "Pode-se considerar que os deveres de lealdade intrassocietária integram a boa-fé como instituto jurídico" (MARTINS-COSTA, Judith. *A boa-fé no direito privado*: critérios para sua aplicação. 2. ed. São Paulo: Saraiva, 2018. p. 314).

206 FRAZÃO, Ana. *Função Social da Empresa:* repercussões sobre a responsabilidade civil de controladores e administradores de S/As. Rio de Janeiro: Renovar, 2011. p. 335.

207 WIEDEMANN, Herbert. Vínculos de lealdade e regra da substancialidade: uma comparação de sistemas. Tradução Otto Carlos Vieira Ritter von Adamek. *Revista de Direito Mercantil*, [*s. l.*], n. 157, p. 7–25, 2011.

208 "É manifesto, pois, o caráter estrutural ou substancial do princípio da cooperação intrassocietária, embora possa haver — e frequentemente haja — escalonamentos diversos

Nas sociedades o dever de lealdade deve ser compreendido como cláusula geral e tal dá diretrizes do comportamento que os membros de uma sociedade devem adotar para que o fim social seja atingido pela sociedade e é assim que tais vínculos funcionam, como forma de atingir o equilíbrio interno da sociedade.

No tocante aos destinatários do dever de lealdade, além dos acionistas, inclusive minoritários e da própria companhia, alguns autores têm se referido a uma ampliação destes destinatários, enfatizando que o administrador teria deveres ainda com os investidores, credores, empregados e terceiros.[209]

Conforme Ana Frazão,[210] esse alargamento do rol de destinatários é aceito pela doutrina da maioria dos países, enfatizando a autora que é difícil a responsabilização nestes casos.

Com relação ainda aos destinatários do dever de lealdade, há de se enfatizar que o controlador também tem dever de lealdade perante a comunidade, com os trabalhadores da companhia, conforme estabelecido no Parágrafo Único art. 116 da LSA.[211]

2.6 O dever de lealdade do administrador na legislação brasileira das sociedades anônimas

Na legislação brasileira, especificamente na Lei das Sociedades Anônimas, o legislador não tentou conceituar o dever de lealdade, mas enumerou as condutas que o administrador estaria proibido de praticar, embora alguns autores entendam que, ao enumerar tais condutas, fê-lo de forma incompleta, já que é impossível estabelecer todas as condutas das quais este deveria se abster.[212]

Assim, na Lei das Sociedades Anônimas (Lei 6.404/76), o dever de lealdade do administrador está regulado expressamente no art. 155

nos graus de cooperação devida" (MARTINS-COSTA, Judith. *A boa-fé no direito privado*: critérios para sua aplicação. 2. ed. São Paulo: Saraiva, 2018. p. 314).

209 FRAZÃO, Ana. *Função Social da Empresa:* repercussões sobre a responsabilidade civil de controladores e administradores de S/As. Rio de Janeiro: Renovar, 2011. p. 343.

210 FRAZÃO, Ana. *Função Social da Empresa:* repercussões sobre a responsabilidade civil de controladores e administradores de S/As. Rio de Janeiro: Renovar, 2011. p. 343.

211 Art. 116 [...] Parágrafo Único. O acionista controlador deve suar o poder com o fim de fazer a companhia realizar o seu objeto e cumprir sua função social, e tem deveres e responsabilidades para com os demais acionistas da empresa, os que nela trabalham e para com a comunidade em que atua, cujos direitos e interesses deve lealmente respeitar e atender.

212 SPINELLI, Luis Felipe. *Conflito de Interesses na Administração da Sociedade Anônima.* 1. ed. São Paulo: Malheiros, 2012. p. 97.

da LSA, o qual além de estabelecer as condutas vedadas ao mesmo, também impõe condutas comissivas a estes, determinado que devem servir com lealdade à companhia, guardar sigilo sobre informação não divulgada.

Adamek, ao tratar do dever de lealdade do administrador, enfatiza que, na letra da lei, o administrador teria apenas dever de lealdade perante a companhia, e não perante os acionistas entre sim, mas ele se posiciona no sentido de entender que há um dever geral de lealdade societária.[213]

As condutas vedadas estão enumeradas no referido artigo e serão tratadas na sequência, mas antes de adentrar em cada qual de forma específica, é importante chamar atenção para o fato de que a maioria das condutas enumeradas, caso praticadas se referem a situações que podem gerar conflito de interesses entre os gestores e a companhia.[214]

Conforme já mencionado anteriormente, a função do administrador de uma companhia requer que ele tome decisões importantes, que impactam na sociedade, tanto do ponto de vista financeiro, quanto nas relações com os demais acionistas, e que requerem dele versatilidade, agilidade, o uso de informações de forma adequada, entre outras.

Ainda, não há como definir uma regra de como o administrador deve agir sempre, posto que tal decisão deverá ser tomada dependendo da situação, naquele momento, posto que existe um leque enorme e imprevisível de situações que podem surgir durante a gestão do administrador de uma sociedade anônima.

No mesmo sentido, o administrador deve gerir a sociedade sempre colocando os interesses sociais acima dos seus. Tal dever impõe ainda que ele sirva aos interesses[215] da companhia o que significa que além das condutas enumeradas no art. 155 da LSA, existe um verdadeiro padrão de condutas, as quais os administradores devem praticar frente à companhia que representam e que se traduzem no dever de lealdade. Assim, o dever de lealdade serve como baliza das condutas que devem ser praticadas pelo administrador.

---

213 ADAMEK, Marcelo Vieira von. *Responsabilidade dos Administradores de S/A e as ações correlatas*. 1. ed. São Paulo: Saraiva, 2009. p. 154.

214 SCALZILLI, João Pedro. *Mercado de Capitais:* ofertas hostis e técnicas de defesa. São Paulo: Quartier Latin, 2015. p. 101.

215 "Em suma, o dever de lealdade impõe que o administrador dever servir à companhia, e não se servir dela" (TOLEDO, Paulo Fernando Campos Salles de. *O Conselho de Administração na Sociedade Anônima:* estrutura, funções e poderes: responsabilidade dos administradores. 2. ed. São Paulo: Atlas, 1999. p. 58).

Entre as condutas vedadas ao administrador podem ser citadas: usar, em benefício próprio ou de outrem, com ou sem prejuízo para companhia, as oportunidades comerciais que tenha conhecimento em razão do exercício do seu cargo, deixar de aproveitar oportunidades de negócio no interesse da companhia, além de ter o dever de, nas companhias abertas, guardar sigilo sobre qualquer informação que ainda não tenha sido divulgadas para conhecimento do mercado, sendo vedado a utilização de informação importante, que ainda não tenha sido divulgada para obter vantagem para si ou outrem, entre outras.

Ao tratar especificamente de situações com as quais o dever de lealdade se relaciona, Alexandre Couto Silva afirma:

> o dever de lealdade está relacionado com transações em que há i) conflito de interesse entre o administrador e a companhia, ii) conflito de interesse entre a companhia e o administrador, iii) vantagem obtida indevidamente por administrador em oportunidades que pertenciam à companhia; iv) administrador competindo com a companhia; v) informações falsas ou indevidas aos acionistas; vi) negociação do insider; vii) abuso de minoria; e viii) venda de controle.[216]

Pode-se perfeitamente dizer que entre tais condutas, que mais traduzem a violação ao dever de lealdade como as do art. 155 combinadas com as do art. 156 da LSA, podem ser incluídas outras condutas, posto que o rol é exemplificativo,[217] impondo um padrão de comportamento leal do acionista para com a companhia.

Nesse contexto, estão perfeitamente incluídas as proibições de concorrência com a própria companhia, especificamente pelos seus administradores. Dessa forma, a interpretação do conteúdo do dever de lealdade pode estabelecer a vedação da prática de outros atos por parte do administrador e controlador, que podem ser considerados desleais à sociedade e aos demais acionistas, por exemplo, o dever de não concorrência com a companhia.[218]

---

[216] SILVA, Alexandre Couto. *Responsabilidade dos Administradores de S/A: Business Judgment Rule*. Rio de Janeiro: Elsevier, 2007. p. 19.

[217] "O dever de lealdade também foi especificamente disciplinado pelo legislador brasileiro na Lei de Sociedades por Ações. Entretanto, verifica-se que o rol de possibilidades apresentadas no art. 155 é meramente enunciativo, não tendo o condão de esgotar a matéria" (*Ibid.* p. 19).

[218] "Com esse mesmo sentido, podem ainda surgir deveres de atuação positiva. A casuística permite apontar, como concretização desta regra, a existência, enquanto um contrato se encontre em vigor, de deveres de não concorrência, de não celebração de contratos incompatíveis com o primeiro, de sigilo em face de elementos obtidos por via de pendência

Todas essas condutas e vedações que estão englobadas no dever de lealdade fazem parte do sistema de responsabilidade civil dos gestores das sociedades, as quais, se violadas, podem ensejar inclusive a responsabilização do administrador por violação de tal dever. Alguns autores, em contraposição a esse sistema, entendem que o excesso de responsabilidade pessoal dos administradores não é uma solução adequada, pois em muitas situações o patrimônio pessoal destes não é suficiente para suportar as indenizações que podem decorrer da violação de tais deveres.[219]

Segue-se no rol de vedações expressas contidas no artigo 155 da Lei das Sociedades Anônimas, as quais, quando combinadas com o art. 156 da mesma lei, referem-se às principais condutas que são vedadas até por legislações estrangeiras,[220] quais sejam: usurpação de oportunidades da companhia, conflitos de interesse, *insider trading*, *self-dealing*, apropriação indevida de recursos patrimoniais, proibições de concorrência com a companhia, entre outras.

No tocante especificamente à prática de concorrência com a companhia, esclarece-se, desde já, que será dedicado capítulo exclusivo sobre o tema, já que se trata do objeto da presente pesquisa.

2.6.1 Dever de não usurpar de oportunidades comerciais da companhia

A primeira conduta desleal, vedada expressamente e que não pode ser praticada pelo administrador é a de se utilizar de oportunidades comerciais da companhia de que tenha ciência em decorrência do cargo. Tal conduta está prevista no art. 155, inciso I da Lei das S.A. e foi incorporada à nossa legislação por influência do direito norte-americano, tratando-se da *corporate opotunity doctrine*.[221]

---

contratual e cuja divulgação possa prejudicar a outra parte e de atuação com vista a preservar o objetivo e a economia contratuais" (CORDEIRO, António Manuel da Rocha e Menezes. *Da Boa-fé no Direito Civil*. Coimbra: Almedina, 2001. p. 607).

219 "A exacerbação da responsabilidade pessoal dos administradores na sociedade anônima não constitui uma solução adequada ao problema, pois nem sempre o titular do controle acionário ocupa cargos de direção na companhia; pode nomear, para tanto, seus prepostos de confiança, cujo patrimônio pessoal é, manifestamente, insuficiente para suportar o encargo das indenizações devidas" (COMPARATO, Fábio Konder; SALOMÃO FILHO, Calixto. *O poder de controle na sociedade anônima*. 4. ed. Rio de Janeiro: Forense, 2005. p. 434).

220 FRAZÃO, Ana; COELHO, Fábio Ulhoa; MENEZES, Maurício Moreira; CASTRO, Rodrigo R. Monteiro de; CAMPINHO, Sérgio. *Lei das Sociedades Anônimas Comentada*. Rio de Janeiro: Forense, 2021. p. 917.

221 EIZIRIK, Nelson. *A Lei das S/A comentada*. 4. ed. São Paulo: Quartier Latin, 2021. v. 3. p. 148.

O administrador, ao gerir uma sociedade, terá ciência de várias oportunidades de negócios que surgirão para a sociedade e em ocorrendo esta hipótese ele tem o dever de não se utilizar de tal oportunidade em benefício próprio. A legislação veda que os administradores se apropriem das oportunidades de negócios que pertencem à sociedade.

Assim, a usurpação da oportunidade ocorre quando o administrador se utiliza de informações e oportunidades da companhia em prol de seus interesses pessoais.[222]

Nas palavras de Modesto Carvalhosa:

> Trata-se de antijuridicidade conceituável como desvio desleal de negócios. Funda-se no pressuposto de que a companhia tem prioridade absoluta no exercício das oportunidades de transações e ganhos relacionados com suas atividades empresariais.[223]

A razão principal para essa proibição se deve ao fato de os administradores ocuparem a função de fiduciários, se constituindo órgãos da companhia. Em sendo assim, ao terem ciência de uma oportunidade para a empresa em face da posição por eles ocupada, essa oportunidade pertence à sociedade.[224]

Afirma Fran Martins, ao tratar do tema, que "[...] como órgãos, os administradores possuem todos os poderes para agir não por representação, mas como se fossem a própria sociedade".[225] Dessa forma, ao estar na gestão da sociedade como administradores, não se está apenas representando a sociedade, ali é a própria sociedade que se faz presente, assim o administrador deve agir no interesse da companhia, privando-se do seu interesse pessoal.[226]

A utilização de uma oportunidade de negócio da companhia pelo seu administrador, ou seja, a prática da conduta vedada no inciso I

---

222 "No caso de usurpação de oportunidade da companhia (prevista, em rol meramente exemplificativo, nos incisos do art. 155 da Lei 6.404/76), o administrador vale-se de informações (propriedade) da sociedade para se antecipar e para aproveitar (conduta comissiva) uma oportunidade negocial destinada ao ente coletivo (e que a este pertence), obtendo, assim, vantagem pessoal" (SPINELLI, Luis Felipe. *Conflito de Interesses na Administração da Sociedade Anônima*. 1. ed. São Paulo: Malheiros, 2012. p. 159).

223 CARVALHOSA, Modesto; KUYVEN, Fernando. *Tratado de Direito Empresarial:* Sociedades Anônimas. 3. ed. São Paulo: Revista dos Tribunais, 2022. v. III. p. 704.

224 EIZIRIK, Nelson. *A Lei das S/A comentada*. 4. ed. São Paulo: Quartier Latin, 2021. v. 3. p. 148.

225 MARTINS, Fran. *Direito Societário:* Estudos e pareceres. Rio de Janeiro: Forense, 1984b. p. 109.

226 "Em relação às oportunidades que se oferecem à companhia, o administrador priva-se de sua própria identidade e de seu próprio interesse, porque o administrador resulta ser parte de la sociedad, o sea la sociedad misma" (CARMO, Eduardo de Sousa. *Relações Jurídicas na Administração da S/A*. Rio de Janeiro: Aide, 1988. p. 130).

do art. 155 da Lei das Sociedades Anônimas, se constitui uma hipótese expressa de quebra do dever de lealdade, na modalidade do conflito de interesses.[227]

Convém ressaltar que a vedação do administrador se utilizar de uma oportunidade comercial da sociedade de que tenha conhecimento, em razão do cargo que ocupa, deve ser observada mesmo que o ato seja praticado em benefício de outra pessoa e que deste ato não resulte prejuízo para a companhia,[228] o que demonstra que o que é levado em consideração é o ato de não usurpar da oportunidade, independentemente do resultado.

Importante ainda esclarecer que o administrador não deve apenas deixar de se utilizar da oportunidade que caberia à companhia em proveito próprio ou de terceiro, mas a ele também cabe o dever de aproveitar as oportunidades que surgem em benefício da companhia (Art. 155, II da Lei 6.404/76).[229]

E tal situação pode ocorrer em função do aparecimento de oportunidades que, caso deixadas de lado, podem favorecer outra companhia. Por exemplo, ocorre no caso de favorecimento de uma companhia concorrente, em decorrência da não utilização pelo administrador de uma oportunidade em favor da companhia que administra.[230] Nesta hipótese, além da violação do dever de lealdade, ainda se estaria diante um ato de má-fé praticado pelo administrador.

Tal hipótese se conecta diretamente com o dever de diligência, o qual exige que o administrador não permaneça inerte diante do aparecimento de uma oportunidade para a companhia, mas que, diante do zelo que deve empregar na gestão, avalie se essa oportunidade deve

---

[227] "As oportunidades para a prática de tais atos, lhes (administradores) foram oferecidas pelo conhecimento que delas tiveram em virtude da posição que ocupam na sociedade. Assim, normalmente deverão eles praticar tais atos em favor da sociedade — e a esse dever em geral se dá o nome de dever de lealdade, que está implícito na boa gestão dos negócios sociais" (MARTINS, Fran. *Comentários à Lei das Sociedades Anônimas*. Rio de Janeiro: Forense. 1984a. v. 2. p. 377).

[228] MARTINS, Fran. *Comentários à Lei das Sociedades Anônimas*. Rio de Janeiro: Forense, 2010. p. 582.

[229] SCALZILLI, João Pedro. *Mercado de Capitais:* ofertas hostis e técnicas de defesa. São Paulo: Quartier Latin, 2015. p. 103.

[230] "Indeed, the self-interest of the director may lead to the exclusion of the company from the transaction. Suppose, for example, that a director learns of a lucrative business opportunity, which the company could exploit. Instead of offering the opportunity to the company, in which the director has only a limited shareholding, the director chooses instead to develop it through a new company wholly owned by her, so that she can capture the whole of the profits arising out of the opportunity" (DAVIES, Paul. *Introduction to Company Law*. 2. ed. Oxford: Oxford Press, 2010. p. 173).

ser aproveitada em prol da sociedade. No entanto, a partir do momento em que se constate que a omissão no aproveitamento da oportunidade foi proposital ou intencional, surge aí a má-fé, conectando tal ato diretamente com o dever de lealdade.[231]

Uma questão que merece discussão é a de como identificar, no caso concreto, quando se configura a apropriação de uma oportunidade comercial da empresa que viola dever de lealdade, já que nem todos os casos de apropriação de oportunidade comercial se configuram tal violação.

A doutrina norte-americana, diante de diversos casos concretos que foram julgados, formulou alguns testes para se configurar a ilicitude do ato que são aplicáveis ao direito societário brasileiro,[232] tendo desenvolvido alguns parâmetros para averiguar a ocorrência da usurpação, quais sejam: interesse ou expectativa, linha de negócios, honestidade e método misto.[233] Tais testes demonstram ser a usurpação de oportunidade comercial uma violação ao dever de lealdade, em face do conflito de interesses na atuação do seu administrador.

Pelo teste do interesse ou expectativa, a oportunidade seria da companhia, caso ela tenha expectativa no negócio oferecido à sociedade, ou se a oportunidade é essencial para que a sociedade continue a desenvolver suas atividades.[234] Ainda:

> i) a possibilidade de utilização da oportunidade por parte da companhia; ii) o fato de estar, tal oportunidade, inserida na linha de negócios da empresa, se faz parte de seu objeto social ou, pelo menos, ser de utilidade para o desenvolvimento de suas atividades empresariais; e iii) o fato de poder acarretar, tal oportunidade, um benefício ou vantagem para companhia.[235]

Ainda, alguns autores chamam atenção para outros fatores que podem ser considerados para saber se a oportunidade seria realmente da empresa. Assim, deve se considerar ainda se ocorreram negociações

---

[231] SCALZILLI, João Pedro. *Mercado de Capitais:* ofertas hostis e técnicas de defesa. São Paulo: Quartier Latin, 2015. p. 103.

[232] EIZIRIK, Nelson. *A Lei das S/A comentada*. 4. ed. São Paulo: Quartier Latin, 2021. v. 3. p. 148.

[233] SPINELLI, Luis Felipe. *Conflito de Interesses na Administração da Sociedade Anônima*. 1. ed. São Paulo: Malheiros, 2012. p. 160.

[234] "Perhaps the oldest judicial test of corporate opportunity, and one that is still widely used, is that a corporate opportunity is a business opportunity in which the corporation has an interest or expectancy or which is essential to the corporation" (CLARK, Robert Charles. *Corporate Law*. Boston: Aspen, 1986. p 225).

[235] EIZIRIK, Nelson. *A Lei das S/A comentada*. 4. ed. São Paulo: Quartier Latin, 2021. v. 3. p. 149.

anteriores com a companhia sobre tal oportunidade, se a oportunidade foi oferecida anteriormente a algum diretor ou conselheiro da companhia, e se tais administradores ficaram cientes da oportunidade em face do cargo que ocupam na empresa, bem como se houve benefícios decorrentes de tal oportunidade para os administradores e o quanto importante seria tal oportunidade para a companhia.[236]

Por outro lado, o administrador pode, em certos casos, se utilizar de uma oportunidade que foi ofertada à sociedade sem que tais atos se configurem violação ao dever de lealdade. Assim é que, quando a oferta tiver sido feita de forma ampla a companhia em primeiro lugar, e esta a tenha descartado de forma voluntária, será legítimo que tais gestores se apropriem da oportunidade, ou até mesmo se a companhia não tiver condições de realizar o negócio proposto.[237]

O dever de não se aproveitar de oportunidades comerciais da companhia em algumas situações se relaciona com o dever de não concorrer do administrador, objeto do presente estudo. Pode ocorrer que surja uma oportunidade comercial para a companhia e o administrador não a utilize, por exemplo, para beneficiar outra da qual ele faz parte dos quadros sociais.

No entanto, alguns autores chamam a atenção para a atividade na qual surge a oportunidade do negócio. Assim, por exemplo, se a oportunidade do negócio não está englobada nas atividades desenvolvidas pela companhia, nem esta tem a intenção de desenvolver, o aproveitamento desta oportunidade pelo administrador não constituiria violação ao dever de não concorrência.[238]

Ainda deve ser frisado que a conduta violadora do dever de lealdade é o aproveitamento da oportunidade independentemente do resultado vantajoso para quem o praticou. Assim, o que a lei veda é simplesmente ato de se apropriar em proveito próprio ou de outrem sem que tenha sido em prol dos interesses da companhia.

Da mesma forma, a lei também não exige que a usurpação da oportunidade comercial pelo gestor cause um prejuízo direto para

---

[236] HAMILTON, Robert W. *The Law of Corporations*. 5. ed. Saint Paul: West, 2000. p. 480.

[237] PARENTE, Flávia. *O dever de diligência dos Administradores de Sociedades Anônimas*. 1. ed. Rio de Janeiro: Renovar, 2005. p. 158.

[238] "Se a oportunidade do negócio diz respeito a uma atividade que não se insere no objeto da sociedade esta não pretende ou planeia estender a sua atividade de forma a abranger o tipo de atuações em causa, o aproveitamento da oportunidade pelo administrador não constitui violação ao dever de não concorrência" (MARTINS, Alexandre de Soveral. *Administração de Sociedades Anónimas e Reponsabilidade dos Administradores*. São Paulo: Almedina, 2020. p. 239).

a companhia.[239] No entanto, é muito comum ocorrer que a perda da oportunidade em favor da companhia ocasione um prejuízo a esta, o que, em ocorrendo, deve o gestor ressarci-la.[240]

Por fim, as análises dos casos de usurpação de oportunidade comercial devem ser feitas casuisticamente, devendo ser analisado se o administrador ofereceu à companhia a oportunidade surgida e depois se a oportunidade se refere a linha de negócios que a companhia desenvolve ou tem interesses em desenvolver.

2.6.2 Compra e revenda de bens do interesse da companhia

O art. 155, inciso III da Lei de Sociedades Anônimas veda expressamente o administrador adquira e revenda, com a obtenção de lucro, bem ou direito necessário à companhia ou mesmo que esta pretenda adquirir. Assim, se o administrador tiver conhecimento de que a companhia pretenda adquirir determinado bem e se interpuser para adquiri-lo, não pode obter lucro nesta operação. Caso ele obtenha lucro na operação, estará violado o dever de lealdade.[241]

2.6.3 Dever de sigilo e vedação do *insider trading*

Ainda com relação ao dever de lealdade, o §1º do art. 155 da Lei das S.A. estabelece o dever de sigilo para o administrador da companhia aberta sobre qualquer informação de que tenha tido conhecimento

---

[239] "Em muitos casos, a só a perda da oportunidade, utilizada indevidamente pelo administrador em benefício próprio ou de terceiro, constitui prejuízo indireto para companhia, privada de realizar o negócio. Ciente das dificuldades de provar o efetivo dano daí resultante (da perda de uma chance; prejuízo muitas vezes incerto e remoto) a Lei das S.A. corretamente proscreveu o uso da oportunidade por terceiros, independentemente do resultado obtido" (ADAMEK, Marcelo Vieira von. *Responsabilidade dos Administradores de S/A e as ações correlatas*. 1. ed. São Paulo: Saraiva, 2009. p. 155).

[240] ADAMEK, Marcelo Vieira von. *Responsabilidade dos Administradores de S/A e as ações correlatas*. 1. ed. São Paulo: Saraiva, 2009. p. 155.

[241] "A alusão ao intento lucrativo, para a caracterização do descumprimento do dever de lealdade, é justificável nas hipóteses em que o bem for posteriormente revendido à companhia: não poucas vezes, para evitar que um bem necessário à companhia seja adquirido por terceiros, o próprio administrador antecipa-se e, como autêntico fiduciário, adquire-o em seu próprio nome, para, depois de obtidas as devidas autorizações (por ex. do conselho de administração, na hipótese prevista no art. 142, inciso VI da Lei das S.A.) revendê-lo sem lucro à companhia; semelhante atuação do administrador, é claro, não representa deslealdade alguma" (ADAMEK, Marcelo Vieira von. *Responsabilidade dos Administradores de S/A e as ações correlatas*. 1. ed. São Paulo: Saraiva, 2009. p. 156).

em função do cargo e que possa influenciar na cotação de valores mobiliários, não podendo ainda o administrador valer-se da informação para obter vantagem para si ou outrem.

O dever de sigilo sobre os negócios da companhia está diretamente ligado ao dever de informação, os quais se não cumpridos, violam expressamente o dever de lealdade do gestor. Assim, deve o administrador agir com discrição diante das informações obtidas em decorrência do exercício do cargo, as quais ainda não foram divulgadas no mercado e que possam influir na cotação de valores mobiliários.

No mesmo contexto, ao administrador ainda é vedado valer-se da informação obtida em face da gestão, para obter vantagem para si ou outrem, comprando ou vendendo valores mobiliários da companhia.

Tal dever visa, entre outros, à manutenção do equilíbrio do mercado, que é um dos princípios fundamentais da ciência econômica.[242] O mercado é uma ordem[243] e porque embasado em comportamentos previsíveis e calculáveis.[244]

Nesse sentido, para que haja equilíbrio e um bom funcionamento do mercado é necessário que os agentes que nele atuam, especialmente, no mercado de capitais, detenham o mesmo nível de informação, ou seja, é essencial que haja uma circulação regular de informações para que possam tomar as decisões sobre os investimentos de uma forma que a informação seja uniforme para todos e ninguém obtenha vantagem em face de uma informação privilegiada.

Nesse contexto, praticamente todas as legislações proíbem a prática do *insider trading* (uso de informação privilegiada), que desequilibra o mercado e permite que um investidor obtenha um benefício indevido, gerando prejuízo aos demais investidores e isso ocorre em face da assimetria informacional, o que exige que esse investidor passe a "adotar um comportamento oportunista e disfuncional para o sistema".[245]

---

[242] CAVALI, Marcelo Costenaro. *Insider Trading:* repressão administrativa e penal do uso indevido da informação privilegiada. São Paulo: Quartier Latin, 2022. p. 35.

[243] "Nessuno dubita che il mercato sia un ordine; taluni lo dichiarano esplicitamente, altri lo presuppongono o lo lasciano argomentare. Ordine, nel senso di regolarità e prevedibilità dell'agire [...]" (IRTI, Natalino. *L'ordine giuridico del mercato.* 5 ed. Roma: Laterza, 2003. p. 4).

[244] FORGIONI, Paula A. *A Evolução do Direito Comercial Brasileiro:* da mercância ao mercado. 4 ed. São Paulo: Revista dos Tribunais, 2019a. p. 164.

[245] "É comum que, nas contratações, uma parte esteja mais bem informada que a outra, sendo-lhe possível adotar comportamento oportunista e disfuncional para o sistema. Por exemplo, o administrador de companhia aberta que, sabedor de fatos não divulgados ao mercado, negocia ações de emissão da sociedade, auferindo lucros em virtude da utilização dessas informações" (FORGIONI, Paula A. *A Evolução do Direito Comercial Brasileiro:* da mercância ao mercado. 4 ed. São Paulo: Revista dos Tribunais, 2019a. p. 160).

Seguindo a mesma linha, Adamek esclarece que:

> A atuação no mercado de agentes com informações privilegiadas rompe o indispensável equilíbrio e gera, de um lado, prejuízo aqueles que não tiveram acesso aos dados passíveis de influir na cotação dos valores mobiliários e, por consequência, na sua decisão pessoal de investir e, de outro lado, ocasiona ganhos indébitos àqueles que se aproveitaram ilicitamente de sua posição junto à companhia emissora dos valores mobiliários. Como resultado final, o funcionamento eficiente do mercado é prejudicado com o afastamento dos investidores e a atração de simples especuladores.[246]

Trata-se da vedação ao *insider trading* o qual foi adaptado da doutrina norte-americana[247] e consiste na utilização de informação com relevância e que é sigilosa por pessoa que a detém em face do exercício da posição que ocupa na companhia, ou seja, por força do seu exercício profissional.

A prática do *insider trading* pelo administrador de uma companhia consiste numa violação ao dever de lealdade, posto que cabe ao administrador que tem informações relevantes ao mercado e que não ponha em risco interesse legítimo da companhia divulgá-las[248] e não utilizar tais informações para obter benefício pessoal.

Assim, o dever de divulgar ou informar passou a ser um ponto importante e que visa a evitar fraudes no mercado de valores mobiliários, possibilitando que se nivelem as informações, o que permite, acionistas e investidores, avaliar sobre a possibilidade de negociarem, comprar ou vender valores mobiliários, sem que haja qualquer desequilíbrio causado pela utilização inadequada de uma informação privilegiada.[249]

A Lei das S.A. proibiu a prática do *insider trading* inicialmente ao administrador da companhia aberta, tendo em vista o texto expresso da lei, o que gerou durante certo tempo discussões acerca de quem poderia ser considerado um *insider*. No entanto, a doutrina sempre interpretou que o administrador de companhia fechada e posteriormente o controlador estariam englobados no §1º do art.155 da Lei das S.A.[250]

---

[246] ADAMEK, Marcelo Vieira von. *Responsabilidade dos Administradores de S/A e as ações correlatas*. 1. ed. São Paulo: Saraiva, 2009. p. 169.

[247] EIZIRIK, Nelson. *A Lei das S/A comentada*. 4. ed. São Paulo: Quartier Latin, 2021. v. 3. p. 152.

[248] Art. 157 §4º da Lei das S.A.

[249] "Quando os administradores informam sobre a situação negocial da companhia, dão a possibilidade aos investidores de avaliar todos os dados necessários a uma inteligente apreciação sobre a oportunidade ou não de negociarem os valores mobiliários por ela emitidos" (CARVALHOSA, Modesto. *Comentários à Lei das Sociedades Anônimas*. 3 ed. São Paulo: Saraiva, 2003. v. 3. p. 328).

[250] PARENTE, Flávia. *O dever de diligência dos Administradores de Sociedades Anônimas*. 1. ed. Rio de Janeiro: Renovar, 2005. p. 161.

A CVM editou a instrução nº 31 em 8 de fevereiro de 1984, a qual foi revogada posteriormente pela Instrução nº 358, de 3 de janeiro de 2002, que tem por escopo regular a publicidade de fatos relevantes nas companhias abertas e dirimiu de certa forma a questão, estabelecendo que além do administrador e do controlador, seriam considerados *insiders* "quem quer que, em virtude do cargo, função ou posição, tivesse conhecimento de informação relativa a ato ou fato relevante antes da sua comunicação e divulgação ao mercado".[251]

Com a reforma ocorrida pela edição da Lei 10.303/2001, a questão foi dirimida definitivamente e foi acrescentado o §4º ao art. 155 da Lei das S.A., vedando a utilização da informação privilegiada, que ainda não tenha sido divulgada no mercado, por qualquer pessoa que dela tiver acesso.[252]

Para que seja configurada a prática do *insider trading*, a informação deve ser relevante, o que significa dizer que a informação deve ter o poder de influir na cotação dos valores mobiliários e ainda capaz de influir na decisão dos investidores de comprar ou vender esses títulos.[253]

A informação, além de ser relevante para o mercado, deve ser sigilosa, ou seja, deve ser uma informação que ainda não tenha sido divulgada no mercado. Assim, após a divulgação da informação, o administrador poderá negociar tais valores mobiliários sem que se configure tal prática, posto que não obterá mais vantagem sobre os investidores.

É ainda necessário que a informação seja utilizada para negociar valores da companhia e por fim, que a informação seja utilizada por pessoa de dentro da companhia, como já dito pelos *insiders*.

---

251 "Assim, após a regulamentação baixada pela CVM, passaram a ser considerados *insiders* os administradores de companhia aberta, seus diretores, membros do conselho de administração, do conselho fiscal ou de quaisquer órgãos criados pelo estatuto da companhia com funções técnicas ou de assessoramento aos administradores, as pessoas subordinadas aos administradores (empregados da companhia ou terceiros de confiança), os acionistas controladores, enfim, todas as pessoas que, em decorrência do exercício de funções na sociedade ou no mercado ou mesmo por circunstâncias especiais de acesso à administração da companhia tivessem conhecimento de informação referente a ato ou fato relevante, sabendo que se tratava de informação privilegiada ainda não divulgada ao mercado" *Ibid*, p. 162).

252 Ao utilizar o termo "qualquer pessoa", Nelson Eizirik chama atenção ao fato de que: "A expressão 'qualquer pessoa' deve ser interpretada restritivamente, uma vez que deve existir um nexo profissional entre o vazamento de informações e eventuais terceiros, de sorte que apenas aqueles que, no exercício de atividade profissional (auditores, advogados, analistas financeiros etc.), têm acesso às informações podem ser considerados *insiders*" (EIZIRIK, Nelson. *A Lei das S/A comentada*. 4. ed. São Paulo: Quartier Latin, 2021. v. 3. p. 154).

253 "São exemplos de fatos relevantes: mudança de controle da companhia; o fechamento de capital; a incorporação; a fusão ou a cisão envolvendo a companhia ou empresas ligadas a esta; a negociação de dívidas; [...]" (SCALZILLI, João Pedro. *Mercado de Capitais:* ofertas hostis e técnicas de defesa. São Paulo: Quartier Latin, 2015. p. 108).

Assim comete a violação aquele que negocia com a informação privilegiada, que não está aberta ao público e que obtenha vantagens através de tal negociação para si ou para terceiros.

2.6.4 Vedação ao conflito de interesses

O administrador não pode agir em operação social em que tenha conflito de interesses com a companhia,[254] sob pena de violar do dever de lealdade. Assim, em face do dever de lealdade, os administradores devem se abster de agir e de tomar qualquer decisão em prol de seus interesses pessoais ou de outrem, devendo sempre buscar atingir o interesse social.

No conflito de interesses há dois interesses contrapostos, de um lado o interesse extrassocial do acionista e do outro o interesse da companhia, que é preterido com a satisfação do interesse extrassocial do acionista.[255]

Assim, a proibição do administrador participar de negócio em que tem interesse conflitante com o da companhia busca evitar que a sociedade seja prejudicada e injustiçada na operação.

A mais simples forma de conflito de interesses é a que ocorre entre o acionista ou o administrador e os interesses da companhia e tal conflito pode ser verificado de diversas formas e em diversas situações. Assim, ocorre, por exemplo, quando o administrador contrata com a sociedade em posições antagônicas, a não ser que seja em condições equitativas que prevalecem no mercado, ou ainda quando a sociedade contrata com parente próximo do administrador (esposa) o que caracterizaria seu interesse, quando o administrador de posse de informações

---

[254] "Contudo, o que vem a ser conflito de interesses em sentido estrito na administração das companhias? É, para nós, um conflito de interesses intersubjetivo, abarcado pelo *duty of loyalty*, que ocorre quando da tomada de uma decisão de gestão, a qual é influenciada por ter o administrador interesse pessoal contraposto ao interesse da sociedade" (SPINELLI, Luis Felipe. *Conflito de Interesses na Administração da Sociedade Anônima*. 1. ed. São Paulo: Malheiros, 2012. p. 137).

[255] "O conflito de interesses, como se sabe, corresponde àquela situação em que há incompatibilidade entre dois interesses em jogo: de um lado encontra-se o interesse extrassocial do acionista (econômico ou não, direto ou de terceiro, desde que relevante e objetivamente constatável) e, contraposto a este, o interesse da companhia, sendo que a satisfação de um interesse só pode dar-se com o sacrifício (ou a subordinação) de outro interesse próprio ou de terceiro" (ARAGÃO, Paulo Cézar. Apontamentos sobre desvios no exercício no Direito de voto: abuso de Direito, benefício particular e conflito de interesses. *In:* CASTRO, Rodrigo R. Monteiro; WARDE JÚNIOR, Walfrido Jorge; GUERREIRO, Carolina Dias Tavares (coord.). *Direito Empresarial e outros estudos de Direito em homenagem ao Professor José Alexandre Tavares Guerreiro*. São Paulo: Quartier Latin, 2013. p. 183–214. p. 203).

da sociedade influencia na tomada de uma decisão, que vai lhe favorecer, em face de seu interesse pessoal, entre outras.

O conflito de interesses pode se dar ainda de forma indireta, o que ocorre quando uma pessoa ligada ao administrador (por exemplo, um parente) tenha interesse na tomada de determinada decisão.

O art. 156 da Lei das Sociedades Anônimas veda expressamente o administrador de atuar em qualquer operação em que tenha interesse conflitante com o da companhia,[256] bem como em deliberação social, devendo, neste caso, o administrador abster-se de votar e cientificar a todos do seu interesse.

O principal fundamento para tal proibição se dá, conforme já exposto anteriormente, em face da confiança que se deposita na figura do administrador, tendo uma relação de natureza fiduciária[257] com os demais acionistas e para com a sociedade, o que o faz estar sujeito ao dever de lealdade.

Assim, ao votar uma deliberação social, a decisão deve ser tomada pelo administrador desinteressado, ou seja, quem vai deliberar, não deve ter interesse pessoal na operação, o que coloca em risco a consecução do interesse social da companhia.[258]

Além de tudo, o que se quer evitar é que a companhia sofra qualquer tipo de prejuízo ou perda decorrente de atos conflitantes praticados por seus administradores.[259]

---

256 "A ideia de conflito de interesses está relacionada às situações em que uma das partes pode obter vantagem a que não faz jus e de que resulte, ou possa resultar, prejuízo para companhia ou para os outros acionistas" (FRAZÃO, Ana; COELHO, Fábio Ulhoa; MENEZES, Maurício Moreira; CASTRO, Rodrigo R. Monteiro de; CAMPINHO, Sérgio. *Lei das Sociedades Anônimas Comentada*. Rio de Janeiro: Forense, 2021. p. 514).

257 "Together the non-conflict and no (secret) profit rules reflect the duty of undivided loyalty owed by a fiduciary to his principal. The rationale for the two strands is that the non-conflict rule is designed to prevent the judgment of the fiduciary being swayed by self-interest and the no-profit rule is designed to strip the disloyal fiduciary of gains made in a breach of duty" (HANNIGAN, Brenda. *Company Law*. 6. ed. Oxford: Oxford University Press, 2021. p. 223).

258 "E em terceiro e último lugar, no momento em que a deliberação ou a operação é realizada (o que não significa que situações posteriores não devam ser consideradas), ela deve ser guiada pelo interesse social e, assim, além de ser razoável e equitativa (obedecendo as condições de qualquer ato semelhante no mercado, precisa ser útil à sociedade (ou seja, precisa passar pelo *fairness test*)" (SPINELLI, Luis Felipe. *Administração das Sociedades Anônimas:* lealdade e conflito de interesses. São Paulo: Almedina, 2020. p. 110).

259 "As razões da norma proibitiva são evidentes, uma vez que o administrador não estará em condições de cuidar do assunto com a diligência necessária ao atendimento do interesse social. Ao contrário, a tendência humana e natural será a de privilegiar os seus próprios interesses em detrimento dos da companhia" (COELHO, Fabio Ulhoa. *Curso de Direito Comercial*. São Paulo: Saraiva. 2002. v. II. p. 246).

Dessa forma, a lei ainda determina que, em caso de interesse direto do administrador na deliberação, este tem o dever tanto de informar os demais membros do seu impedimento, quanto de fazer consignar tal impedimento em ata da reunião ou do conselho de administração ou da diretoria.

Por outro lado, a Lei das S.A. não proibiu o administrador de contratar com a companhia, mas ao contratar ele dever se ater para que as condições da contratação sejam razoáveis e equitativas, o que quer dizer, idênticas as que são praticadas pelo mercado. Sendo assim, a legislação brasileira não proíbe totalmente o *self-dealing*.[260]

É assim, porque as transações com partes relacionadas podem ser consideradas benéficas à sociedade e, por isso, não devem ser totalmente defeso a essas partes celebrar tal tipo de contratação. Pode até ser importante para a companhia celebrar negócios com os administradores, no caso, por exemplo, de a sociedade necessitar de crédito e não conseguir obter empréstimos junto às instituições financeiras em razão da sua momentânea falta de capacidade de honrá-los.[261]

Assim, se não forem respeitadas as condições da contratação, o negócio realizado é anulável, devendo serem restituídas à sociedade as vantagens auferidas.

A regra do artigo 156 da Lei das S.A. não especificou quais os atos praticados pelo administrador que podem ser considerados como conflito de interesses, devendo se analisar assim, a situação concreta para se poder dizer se houve ou não conflito entre os interesses do gestor e da sociedade.

Dessa forma, ao regular o conflito de interesses, a Lei reconhece que este conflito deve ser verificado "*a posteriori*, quando, de fato, é aferível a ocorrência de indevida subordinação de um interesse ao outro, que cause ou possa causar dano à sociedade [...]".[262]

Por outro lado, também não delimitou a lei se apenas se configuraria o conflito no caso de interesse de cunho patrimonial. Assim, Spinelli esclarece que "considerando que a regra geral prevista no art. 156 da Lei das S.A. não apresenta qualquer restrição, entende-se,

---

260 Art. 156, §1º da Lei das S.A.

261 PARENTE, Flávia. *O dever de diligência dos Administradores de Sociedades Anônimas*. 1. ed. Rio de Janeiro: Renovar, 2005. p. 184.

262 ARAGÃO, Paulo Cézar. Apontamentos sobre desvios no exercício no Direito de voto: abuso de Direito, benefício particular e conflito de interesses. *In:* CASTRO, Rodrigo R. Monteiro; WARDE JÚNIOR, Walfrido Jorge; GUERREIRO, Carolina Dias Tavares (coord.). *Direito Empresarial e outros estudos de Direito em homenagem ao Professor José Alexandre Tavares Guerreiro*. São Paulo: Quartier Latin, 2013. p. 183–214. p. 204.

majoritariamente, que a regra abrange conflitos diretos ou indiretos, patrimoniais ou não".[263]

Tal dever para com a companhia se dá a partir do momento em que o administrador começa a exercer suas funções, seu mandato e se prolonga até o término, podendo em algumas situações até se estender para o período pós-mandato, ou seja, até momento posterior ao término de suas funções para com a companhia, como pode ocorrer no caso de celebração de uma cláusula com vigência pós-mandato, estabelecendo determinadas obrigações.

No caso do acionista que é administrador da sociedade, o art. 115 da Lei das S.A. estabelece que este não poderá votar com a finalidade de causar dano à companhia, ou com o intuito de obter para si ou outrem vantagem que não faz jus ou que possa resultar prejuízo à companhia, estabelecendo ainda que este não poderá votar nas deliberações da assembleia geral que seja relativa à aprovação de suas contas.

Ainda, existem na Lei das S.A. regras de incompatibilidade, as quais buscam evitar que alguns agentes da sociedade assumam determinados cargos ou posições, as quais podem configurar conflito de interesses em potencial. Assim é a regra disposta no §3º do art. 147 da Lei das Sociedades anônimas, a qual proíbe o conselheiro, salvo dispensa da Assembleia geral, de ser eleito se ocupar cargo em sociedades consideradas concorrentes no mercado ou caso tenha interesse conflitante com a sociedade.[264]

Nesse contexto, se considera que a norma abrange não apenas os conselheiros, que podem fazer parte do Conselho de Administração, fiscal ou consultivo, mas também diretores e quaisquer outros gestores,[265] já que tal norma é decorrência do dever de lealdade.

---

263 SPINELLI, Luis Felipe. *Conflito de Interesses na Administração da Sociedade Anônima*. 1. ed. São Paulo: Malheiros, 2012. p. 116.

264 "O caso de ocupação simultânea de cargos administrativos em mais de uma sociedade, especialmente quando concorrentes, apresenta diversas preocupações, que vão desde a proteção dos segredos comerciais de cada uma das sociedades envolvidas, como também das estratégias e incentivos para a conduta dos administradores, que podem optar por priorizar uma gestão coletiva ou mesmo priorizar o interesse de uma das sociedades sobre a outra" (FRAZÃO, Ana; COELHO, Fábio Ulhoa; MENEZES, Maurício Moreira; CASTRO, Rodrigo R. Monteiro de; CAMPINHO, Sérgio. *Lei das Sociedades Anônimas Comentada*. 3. ed. Rio de Janeiro: Forense, 2024. p. 621).

265 ADAMEK, Marcelo Vieira von. *Responsabilidade dos Administradores de S/A e as ações correlatas*. 1. ed. São Paulo: Saraiva, 2009. p. 161.

2.6.5 Conflito material ou formal de interesses

A regra do *caput* do artigo 156 da Lei das S.A., ao vedar que o administrador intervenha em qualquer operação da companhia em que tenha interesses conflitantes com esta e ainda na deliberação que a respeito tomarem os demais administradores, dá a entender que se estaria diante de um conflito formal de interesses, no entanto, para se concluir que determinado interesse seria conflitante, há de se fazer uma análise do caso concreto,[266] o que caracteriza um conflito substancial de interesses.

Isto porque o art. 156 não estabeleceu expressamente quais os atos praticados pelo administrador que configuram conflito de interesses, exigindo, conforme já exposto, a análise da situação em concreto para tal avaliação. E se dessa análise se verificar que o administrador sacrificou os interesses da companhia para satisfazer interesse próprio,[267] causando dano à sociedade haverá o conflito de interesses determinando a anulação do negócio.

Nesse sentido, Erasmo Valladão, ao tratar do tema, esclarece:

> O §2º do art. 156 determina que "o negócio contratado com infração ao disposto no §1º é anulável". O que determina a anulação do negócio, portanto, não é a infração do disposto no *caput* do artigo (ou seja, a abstenção da participação do administrador na deliberação do conselho), mas sim a infração do disposto no §1º — Ou seja: "contratar com a companhia em condições razoáveis e equitativas, idênticas as que prevalecem no mercado ou em que a companhia contrataria com terceiros.
>
> Dessa forma, o que acarreta a sanção legal é o conflito substancial de interesses — contratar com a companhia em condições desrazoáveis ou iníquas, inferiores as que prevalecem no mercado ou que a companhia contrataria com terceiros. O negócio não pode ser anulado, pois não se justifica a invalidação de negócios que tenham sido úteis e vantajosos para a sociedade.[268]

---

266 ADAMEK, Marcelo Vieira von. *Responsabilidade dos Administradores de S/A e as ações correlatas*. 1. ed. São Paulo: Saraiva, 2009. p. 164.

267 "Muitas vezes é difícil precisar os interesses opostos entre o administrador e a sociedade. Só a apreciação do caso concreto oferece a justa solução" (MENDONÇA, José Xavier Carvalho de. *Tratado de Direito Comercial Brasileiro*. 4. ed. Rio de Janeiro: Freitas Bastos, 1946. v. 4. p. 64).

268 FRANÇA, Erasmo Valladão Azevedo e Novaes. *Conflito de Interesses nas Assembléias de S.A. (e outros escritos sobre conflitos de interesses)*. 2. ed. São Paulo: Malheiros, 2014. p. 239.

A regra do conflito formal de interesses, diferentemente do substancial, não busca a análise do caso concreto, mas estabelece que as decisões da assembleia são tomadas pelos acionistas que não se conflitam com os interesses da sociedade. Assim, transfere-se o poder de deliberação para os acionistas desinteressados, prevendo em certos casos, um impedimento de se votar para determinados tipos de deliberações.

Dessa forma, ocorre com as hipóteses do §1º ao art. 115 da LSA que estabelece que o acionista, se administrador, não pode votar nas deliberações da assembleia geral que visar à aprovação de suas contas como administrador, nem nas concessões de vantagens pessoais. Nestes casos concretos, o administrador está realmente impedido de votar, sendo um caso expresso de conflito formal de interesses.[269]

Por fim, feita as análises de como se dá a estruturação da companhia no direito brasileiro, da relação fiduciária entre o administrador, o acionista e a sociedade, bem como dos deveres aos quais os administradores estão sujeitos, especificamente do dever de lealdade, o qual fornece os subsídios para a questão do dever de não concorrência do administrador das companhias, passa-se agora a tratar do ponto central desta dissertação, que se consubstancia no dever do administrador de não concorrer com a companhia, sob os diversos aspectos, especificamente, durante a gestão e em momento posterior ao término do mandato de administrador.

---

269 COMPARATO, Fábio Konder. *Controle conjunto, abuso no exercício do voto acionário e alienação indireta de controle empresarial*: Parecer em Direito Empresarial: Estudos e Pareceres. São Paulo: Sarava, 1990. p. 91.

CAPÍTULO 3

O DEVER DE NÃO CONCORRÊNCIA DO ADMINISTRADOR DURANTE A GESTÃO NAS COMPANHIAS

3.1 O dever de não concorrência do administrador na legislação brasileira

Em face da livre concorrência ser um princípio constitucional, o dever de não concorrência na legislação brasileira só existe se imposto por dispositivo legal ou em face de uma estipulação contratual na qual se pactue tal obrigação.

No direito brasileiro, diferentemente da legislação de outros países, não existe dispositivo que estabeleça ao administrador dedicação exclusiva.[270] O art. 147 da Lei das Sociedades Anônimas traz hipótese de inelegibilidade de administrador que deve ser observada, prevendo que não pode ser eleito para administrador (conselheiro), em face do §3º, inciso I, do art. 147 da Lei das Sociedades Anônimas, aquele que ocupe cargos de gestão em companhias concorrentes e ainda, em face do §3º, inciso II, do art. 147 da Lei das Sociedades Anônimas, que tenha interesse conflitante com a sociedade.

---

270 "[...] é assente em nossa lei acionária que, não sendo genericamente exigida a exclusividade de atuação, o administrador pode atuar como administrador de empresa não-concorrente ou, até ter participação de responsabilidade limitada em empresa concorrente, contanto que, nesta última hipótese, não exerça qualquer função orgânica (LSA, art.147, §3º, I), nem tenha participação direta ou indireta nas atividades da concorrente. (LSA, art.147, §3º, II)" (ADAMEK, Marcelo Vieira von. *Responsabilidade dos Administradores de S/A e as ações correlatas*. 1. ed. São Paulo: Saraiva, 2009. p. 160).

Assim, um administrador de uma companhia pode atuar também como administrador de uma outra sociedade que não concorra com a companhia do qual já é gestor, não podendo de forma algum exercer cargos de gestão em sociedades concorrentes.

Toda a construção formulada pela doutrina e jurisprudência pátria, que se refere ao dever de não concorrência do administrador, decorre da incidência do dever de lealdade do gestor, o qual, como já explicitado, sujeita o administrador ao cumprimento de diversos deveres perante os acionistas e a própria companhia, obrigando-o a agir sempre em busca dos interesses da sociedade e evitar situações em que seus interesses sejam conflitantes com esta, sendo certo que a concorrência efetivada por um gestor conflita com os interesses da companhia por ele administrada.

Apesar de existirem algumas controvérsias,[271] o posicionamento da maioria dos doutrinadores[272] é no sentido de que durante a gestão, o administrador não pode concorrer com a companhia, em face deste dever fazer parte do feixe de deveres que impõem condutas e concretizam o dever de lealdade, previsto no *caput* do art. 155 da Lei das Sociedades Anônimas.[273]

Tendo em vista que o dever de lealdade abarca não só as condutas do art. 155 da LSA, sabe-se que o rol existente na lei é meramente exemplificativo e, como tal, pode incluir um leque de atos que praticados pelo gestor podem se enquadrar no que estabelece o art. 155 da LSA.

---

[271] "Certamente informado pela razão de que, na Economia do País, os empreendimentos a realizar são muitos e os homens capacitados são poucos, não opõe barreiras a essa acumulação de atividades pelos sócios e administradores das sociedades. Nem o Código de 1850 nem as leis especiais adotaram, em qualquer tipo de sociedade, inclusive as anônimas, as proibições vigorantes nos citados ordenamentos" (MARCONDES, Sylvio. Conflito de Interesses entre a sociedade e seu administrador. *In:* MARCONDES, Sylvio. *Problemas de Direito Mercantil.* São Paulo: Max Limonad, 1970. p. 236). Tal posicionamento, no entanto, não reflete a posição da maioria dos doutrinadores brasileiros.

[272] Nesta linha de raciocínio: SPINELLI, Luis Felipe. *Conflito de Interesses na Administração da Sociedade Anônima.* 1. ed. São Paulo: Malheiros, 2012. p. 167; SPINELLI, Luis Felipe. *Administração das Sociedades Anônimas:* lealdade e conflito de interesses. São Paulo: Almedina, 2020. p. 35; CARVALHOSA, Modesto. *Comentários à Lei das Sociedades Anônimas.* 3 ed. São Paulo: Saraiva, 2003. v. 3. p. 321–322; HAMILTON, Robert W. *The Law of Corporations:* in a nutshell. Saint Paul: West, 2003. p. 467.

[273] "Quanto ao dever de não concorrer [...] é aquele decorrente da incidência do dever geral sobre os gestores [...] É caracterizado, pois, pela prática de atividade concorrencial (direta ou indireta), por conta própria ou alheia, do administrador à sociedade por ele gerida [...], o que é feito de modo menos custoso se comparado aos outros agentes do mercado, porque ele tem abundantes informações necessárias para o desenvolvimento da atividade — pode, desta maneira, arruinar todos os competidores e, a sociedade na qual trabalha" (SPINELLI, Luis Felipe. *Conflito de Interesses na Administração da Sociedade Anônima.* 1. ed. São Paulo: Malheiros, 2012. p. 167).

Por outro lado, diante da ausência de um dispositivo genérico acerca da proibição da concorrência do administrador da companhia, a suposta violação ao dever de lealdade, nestes casos, deve ser apurada casuisticamente.[274]

É fato que o administrador, tendo acesso a "abundantes informações"[275] da sociedade, sendo conhecedor de sua clientela, ao efetivar concorrência com a companhia, pode deixá-la numa posição de extrema fragilidade, dificultando em muito as atividades da companhia e podendo chegar até a arruinar a sociedade. Há um grande potencial deste tipo de concorrência causar graves danos e prejuízos para a sociedade.

Há de se definir os atos concretos, os quais o administrador poderia praticar enquanto na vigência da gestão social e os atos que podem ser considerados efetivação de concorrência para com a sociedade, importando a violação ao dever de lealdade nesta hipótese, o que poderia levar o gestor a uma responsabilização.

Importante ainda ressaltar que os administradores da Sociedade anônima podem ser escolhidos entre o quadro dos acionistas da sociedade, como podem ser contratados para exercer tal cargo, podendo ainda ser escolhidos, entre os componentes do quadro de empregados da companhia. Nessa hipótese, quando um empregado assume um cargo de gestão, terá o seu contrato de trabalho imediatamente suspenso,[276] ficando sujeito à incidência do dever de lealdade do gestor, estabelecido no art. 155 da Lei das Sociedades Anônimas, não podendo praticar concorrência contra a sociedade.

Ao terminar a sua relação de trabalho com a companhia, no entanto, ele só estaria proibido de concorrer, caso pactue uma cláusula de não concorrência, a qual deve respeitar as mesmas limitações geográficas, temporais e materiais atinentes à validade da não concorrência.

---

[274] "Ao contrário do que se verifica em outros sistemas, o legislador brasileiro não proibiu genericamente o administrador de exercer outras atividades profissionais paralelas, pois dele não exigiu dedicação exclusiva nem vetou terminantemente a sua participação em sociedade concorrente" (ADAMEK, Marcelo Vieira von. *Responsabilidade dos Administradores de S/A e as ações correlatas*. 1. ed. São Paulo: Saraiva, 2009. p. 160).

[275] SPINELLI, Luis Felipe. *Conflito de Interesses na Administração da Sociedade Anônima*. 1. ed. São Paulo: Malheiros, 2012. p. 167.

[276] Súmula 269 do TST: "O empregado eleito para ocupar cargo de diretor tem o respectivo contrato de trabalho suspenso, não se computando o tempo de serviço desse período, salvo se permanecer a subordinação jurídica inerente à relação de emprego" (BRASIL. Tribunal Superior do Trabalho. Súmula nº 269. O empregado eleito para ocupar cargo de diretor tem o respectivo contrato de trabalho suspenso, não se computando o tempo de serviço desse período, salvo se permanecer a subordinação jurídica inerente à relação de emprego. *Diário Eletrônico da Justiça do Trabalho*: Brasília, DF, n. 121, 19, 20 e 21 nov. 2003).

3.2 Prática de concorrência pelo administrador x dever de lealdade

A concorrência efetivada pelo administrador é uma das formas mais latentes de quebra do dever de lealdade. O fato de o gestor não estar agindo em prol dos interesses da sociedade, e ainda efetivando concorrência direta com a sociedade que administra, é uma violação grave do dever de lealdade.

Os fundamentos para essa proibição seriam de várias ordens, como econômica e moral,[277] como fundamento de ordem econômica, o melhor desempenho da sociedade, redução da concorrência, entre outros e de ordem moral poderia citar a manutenção da relação de confiança existente entre a sociedade e o administrador, vedação ao conflito de interesses, o uso de informações privilegiadas, entre outros.

Ao tratar do tema no âmbito das sociedades limitadas, mas entendendo que se aplica da mesma forma às sociedades anônimas, Luis Felipe Spinelli explica:

> Talvez o caso mais emblemático de quebra do dever de lealdade por parte do sócio é a prática efetiva da concorrência pelo sócio (de modo direto e indireto, por conta própria ou por meio de terceiros, inclusive mediante a participação como sócio ou administrador, entre outros cargos, em outras sociedades; explorando a atividade — ou simplesmente realizando atos singulares? — ou subsidiando a atuação de concorrentes; desviando clientela para concorrentes.[278]

A regra do §3º, inciso I, do art. 147 da Lei das Sociedades anônimas prescreve várias hipóteses de inelegibilidade para o administrador, estabelecendo ainda em seu §3º, inciso I, da LSA, que os conselheiros[279] tenham reputação ilibada, que não ocupem cargos em sociedades concorrentes, especialmente em conselhos consultivos, de administração ou fiscal. Ainda o mesmo §3º do referido artigo, em seu inciso II,

[277] RIBEIRO, Renato Ventura. *A Exclusão de Sócios nas Sociedades Anônimas*. São Paulo: Quartier Latin, 2005. p. 233–234.

[278] SPINELLI, Luís Felipe. *Exclusão de Sócio por falta grave na Sociedade Limitada*. São Paulo: Quartier Latin, 2015. p. 142.

[279] "Na primeira especificidade (inciso I), o impedimento por vinculação a concorrente não se configura apenas pelo exercício de cargos no Conselho de Administração, consultivo ou fiscal. Qualquer cargo ou função no âmbito da concorrente é razão para impedimento" (GONÇALVES NETO, Alfredo de Assis (coord.). *Sociedades:* Lei das Sociedades Anônimas Comentada. São Paulo: Thomson Reuters Brasil, 2024. v. 2. p. 751, comentário ao art. 147 por Fernando Kuyven).

estabelece a inelegibilidade para os conselheiros que tenham interesses conflitantes com a sociedade.

Importante ressaltar que, apesar do art. 147, §3º, I, da Lei das S.A. se referir unicamente a conselheiro, a doutrina entende que este dispositivo se aplica também aos diretores,[280] sendo assim se aplicaria a todos os administradores das companhias.

A dificuldade residiria inicialmente em se estabelecer quais os atos que o administrador estaria obrigado a abster-se de praticar, ou seja, quais os atos que poderiam ser considerados atos de concorrência frente à companhia, já que não existe uma proibição expressa na Lei 6.404/76 de que o gestor possa praticar atividades em outras companhias, exceto as do art. 147, §3º, incisos I e II, que estabelece que o administrador estaria impedido de ocupar cargo de gestão em companhia concorrente e que ele possa ter interesses conflitantes com a companhia, sendo certo que não pode ele concorrer com a companhia ao qual administra.

Note-se que a hipótese do administrador ocupar cargo de gestão em mais de uma sociedade é objeto de ressalvas, porque traz à tona uma série de preocupações, especialmente se as sociedades forem concorrentes, tais preocupações envolvem a questão das informações privilegiadas, estratégias da sociedade, questões envolvendo a clientela da sociedade, entre outras.

E isto porque o gestor de duas sociedades concorrentes pode começar a preterir os interesses de uma sociedade em favor de outra e praticar a concorrência com uma das sociedades que administra, ou até facilitar que as duas empresas entrem em conluio e passem a praticar atos contra a concorrência, que é salutar no mercado.

A problemática da concorrência efetuada pelo administrador é objeto de preocupação não só no Brasil, como também de vários países,[281] e se consubstancia em uma das formas dos denominados "problemas de agência",[282] pois nesta hipótese ocorre exatamente

[280] "Observe-se que o art. 147, §3º da LSA refere-se explicitamente a 'conselheiro', mas sem dúvida os seus preceitos se aplicam também a diretores" (ADAMEK, Marcelo Vieira von. *Responsabilidade dos Administradores de S/A e as ações correlatas*. 1. ed. São Paulo: Saraiva, 2009. p. 160).

[281] "Em diversos países há vedação expressa à prática de concorrência por parte do administrador — o que pode explicar a inexistência, nestes, de regra semelhante ao do art. 1 47, §3º, da nossa Lei 6.404/76 (podendo, se comparada com outros países, ser criticável nossa técnica legislativa, tendo em vista a abrangência restrita que apresenta, já que uma vedação expressa e geral é mais eficiente e, sem dúvida também incide sobre as hipóteses atualmente previstas em nossa lei" (SPINELLI, Luis Felipe. *Conflito de Interesses na Administração da Sociedade Anônima*. 1. ed. São Paulo: Malheiros, 2012. p. 165).

[282] "[...] três problemas de agência surgem nas sociedades empresárias. O primeiro envolve o conflito entre os acionistas e seus administradores contratados. Aqui os acionistas são

quando o administrador atende a seus próprios interesses, que pode se dar quando ele decide por privilegiar uma das sociedades concorrentes em detrimento de outra, em face de algum interesse que não seja da sociedade.

O dispositivo legal tem "evidentes conexões com o dever de lealdade dos administradores, cujo tratamento jurídico pode se dar tanto sob o viés estrutural, como regulatório".[283] Nesse contexto, as legislações dos países como a do Brasil podem criar diversas estratégias jurídicas para proibir essa concorrência, que neste caso específico é decorrente do interesse oportunista do administrador.[284]

Em todos os casos mencionados no §3º, I e II, do art. 147, a lei estabelece que a Assembleia geral pode dispensar tais exigências. A inclusão de tal parágrafo no texto legal foi feita pela reforma legislativa da Lei das S.A., que ocorreu com a promulgação da Lei 10.303/2001.

A previsão da dispensa assemblear tem sido alvo de críticas, porque dá o poder de autorizar a eleição de administrador em empresas concorrentes em que existam conflitos de interesses, criando assim uma forma de o administrador escapar do cumprimento desse dever. Uma autorização desse tipo, com certeza, permitirá o administrador a privilegiar os interesses de uma sociedade em detrimento de outra, o que se configura claramente numa violação ao dever de lealdade.[285]

---

os representados e os administradores são os agentes. O problema está em garantir que os administradores atendam aos interesses dos acionistas em vez de perseguir seus interesses pessoais" (KRAAKMAN, Renier; ARMOUR, John; DAVIES, Paul; ENRIQUES, Lucas; HANSMANN, Henry; HERTIG, Gerard; HOPT, Klaus; PARGENDLER, Mariana; RINGE, Wolf-Georg; ROCK, Edward. *Anatomia do Direito Societário*: uma abordagem comparada e funcional. Tradução: Mariana Pargendler. São Paulo: Singular, 2018. p. 80).

283 FRAZÃO, Ana; COELHO, Fábio Ulhoa; MENEZES, Maurício Moreira; CASTRO, Rodrigo R. Monteiro de; CAMPINHO, Sérgio. *Lei das Sociedades Anônimas Comentada*. 3. ed. Rio de Janeiro: Forense, 2024. p. 621.

284 "As estratégias regulatórias são prescritivas: ditam termo substantivo que regem o conteúdo da relação agente-representado, tendendo a restringir diretamente o comportamento do agente. Por outro lado, as estratégias de governança procuram facilitar o controle dos representados sobre o comportamento do agente" (KRAAKMAN, Renier; ARMOUR, John; DAVIES, Paul; ENRIQUES, Lucas; HANSMANN, Henry; HERTIG, Gerard; HOPT, Klaus; PARGENDLER, Mariana; RINGE, Wolf-Georg; ROCK, Edward. *Anatomia do Direito Societário*: uma abordagem comparada e funcional. Tradução: Mariana Pargendler. São Paulo: Singular, 2018. p. 83).

285 "Deveria o legislador, por isso mesmo, ter-se limitado a estabelecer os impedimentos, sem criar válvula de escape pela assembleia geral. Isso porque, concretamente, é impossível o exercício simultâneo de atividades de administrador em empresas concorrentes e atuantes no mesmo setor: ao dar prevalência ao interesse social de uma companhia, está *ipso facto* violando o de outra, e assim, reflexamente, um dilema insolúvel" (ADAMEK, Marcelo Vieira von. *Responsabilidade dos Administradores de S/A e as ações correlatas*. 1. ed. São Paulo: Saraiva, 2009. p. 161).

O entendimento formado e que mais se adequa a exceção a esta regra é de que tal dispensa só deve ser dada em casos excepcionais e justificáveis, sob pena de ser considerada abusiva.[286]

A concorrência ainda pode se dar de forma direta, quando o administrador passa a praticar atividades que concorram diretamente com a companhia a qual administra, ou através da vinculação a cargos de administração em companhias concorrentes,[287] o que se configuraria numa violação a regra que estabelece tal impedimento legal.

Tal concorrência direta praticada pelo administrador se verifica ainda através da prática de atividades que se identificam com o objeto social da companhia na qual ocupa cargo de gestão, no mesmo mercado,[288] o que se configura competição para a companhia da qual é gestor.

Assim, para que seja configurada a concorrência, será necessário que o administrador exerça uma atividade que, segundo Spinelli, seria a "concatenação de atos destinados a um fim incompatível com aquele desenvolvido pelo ente coletivo que dirige".[289]

Além da prática de atividades similares, para que se configure a concorrência, é essencial que as duas companhias atuem no mesmo mercado. Assim esclarece Nelson Eizirik "sua atividade empresarial principal localiza-se no mesmo setor, na produção ou distribuição de bens ou serviços da mesma natureza".[290]

Assim, para saber se o administrador está a praticar a concorrência com a companhia que administra, é importante avaliar se a atividade exercida é a mesma praticada pela companhia. Ainda é necessário que a atividade seja praticada no mesmo âmbito geográfico em que a companhia atua.[291]

---

[286] FRAZÃO, Ana; COELHO, Fábio Ulhoa; MENEZES, Maurício Moreira; CASTRO, Rodrigo R. Monteiro de; CAMPINHO, Sérgio. *Lei das Sociedades Anônimas Comentada*. 3. ed. Rio de Janeiro: Forense, 2024. p. 622.

[287] "Se alguém, por exemplo, é, ao mesmo tempo diretor de uma companhia e membro do conselho de administração de outra, concorrente, a qual delas deveria oferecer uma oportunidade de negócio? Se cumprisse o dever de atuar no interesse de uma delas estaria descumprindo o dever de zelar para que a outra não desperdiçasse uma oportunidade de negócio; caso não revelasse a uma delas a oportunidade surgida, estaria se omitindo no dever de diligência e lealdade para com a outra" (CARVALHOSA, Modesto; EIZIRIK, Nelson. *A Nova Lei das S/A*. São Paulo: Saraiva, 2002. p. 311).

[288] "Assim, entrando aquele no mesmo mercado que a sociedade que administra, está a gerar pressão competitiva e a dificultar a vida dos demais empreendedores — o que inclui a própria companhia" (SPINELLI, Luis Felipe. *Conflito de Interesses na Administração da Sociedade Anônima*. 1. ed. São Paulo: Malheiros, 2012. p. 167).

[289] SPINELLI, Luis Felipe. *Conflito de Interesses na Administração da Sociedade Anônima*. 1. ed. São Paulo: Malheiros, 2012. p. 169.

[290] EIZIRIK, Nelson. *A Lei das S/A comentada*. 4. ed. São Paulo: Quartier Latin, 2021. v. 3. p. 147.

[291] "No que respeita ao ponto de vista geográfico, só existirá concorrência na área em que a sociedade forneça os seus produtos ou preste os seus serviços" (CORDEIRO, Antonio

O administrador não pode, utilizando-se das informações, das estratégias que tem da companhia, passar a concorrer com esta, no mesmo ramo de atividades que ela se desenvolve, no mesmo mercado simultaneamente. Trata-se de evidente violação ao dever de lealdade.

A questão da identidade da atividade exercida deverá ser apurada no caso concreto, devendo se considerar se a atividade que teoricamente é concorrente afeta o mercado da companhia de que é gestor. "Para a verificação do mercado, deve-se levar em conta a possibilidade ou não de substituição de produtos, a dimensão geográfica e a temporal ou conjuntural".[292]

Até porque a legislação não enumera os atos específicos que seriam vedados ao administrador praticar, mas é certo que não pode ele ocupar cargo de gestão em companhias concorrentes, nem concorrer com a companhia que administra, o que importa em ter interesse conflitante com a companhia que administra.

Ainda não importa que as sociedades sejam de tipos diferentes, ou seja, não importa que a sociedade concorrente seja limitada ou de outro tipo.

O que se busca evitar com tal dever de não concorrência é que o administrador não fique numa posição antagônica, ou mesmo incompatível com os interesses da companhia.

A concorrência efetivada pelo administrador ainda pode se dar de forma indireta, que se dá quando o administrador concorre com a companhia através de terceiro, ou interposta pessoa, ou até mesmo através de uma sociedade ao qual este tenha interesse.

Assim ocorre, por exemplo, no caso de cônjuge de Conselheiro atuar através de uma sociedade, exercendo o mesmo tipo de atividade, e na mesma área de atuação da companhia, da qual o administrador atua como gestor.[293]

Resumidamente, o administrador pode ter participação social em outras sociedades, sendo-lhe vedado exercer cargo de gestão (conselho e diretoria) em companhia concorrente e ter participação direta ou indireta nas atividades da sociedade concorrente, podendo ainda

---

Barreto Menezes. Dever de não concorrência e dever de não utilização de bens pertencentes à sociedade — Anotação a STJ 30. *Revista de Direito das Sociedades*, [*s. l.*], ano 7, n. 1, p. 161–188, 2015. p. 174).

292 RIBEIRO, Renato Ventura. *A Exclusão de Sócios nas Sociedades Anônimas*. São Paulo: Quartier Latin, 2005. p. 231.

293 SÃO PAULO. Tribunal de Justiça (2ª Câmara Reservada de Direito Empresarial). *Agravo de instrumento AI 2243940-36.2019.8.26.0000*. Rel. Des. Maurício Pessoa. Julgado em: 21 fev. 2020.

atuar como administrador em empresas não concorrentes, embora não possa concorrer com a companhia que administra, com a exceção da dispensa assemblear, já comentada acima.

Importante ainda salientar que a concorrência pode ser feita pelo administrador acionista[294] da companhia ou não acionista, já que a Lei das S.A. admite que o cargo de gestor da companhia seja exercido pelo administrador contratado ou escolhido entre o quadro de empregados da companhia.

3.3 Prática da concorrência x concorrência desleal praticada pelo administrador

Existe a concorrência lícita, aquela em que a parte se utiliza de meios legítimos, que tem como finalidade reduzir a clientela alheia para ocupar uma melhor posição no mercado.[295] Esse tipo de concorrência é desejada e traz benefícios ao mercado e aos consumidores de um modo geral, embora já tenham sido trazidos os fundamentos legais pelos quais o administrador não pode concorrer com a companhia do qual é gestor.

Por outro lado, pode ocorrer que o concorrente se utilize de meios ilegítimos para efetivar a concorrência no mercado. Assim, a lei de Propriedade Industrial, Lei 9.279/96, tipificou alguns atos graves que, se praticados, são considerados crimes de concorrência desleal, nos termos do art. 195 do referido diploma legal. Trata-se da concorrência desleal específica.[296]

Além da concorrência desleal específica, a concorrência desleal pode ser genérica, quando os atos praticados pelo agente para efetivar concorrência são ilegítimos, mas não foram tipificados como crime

---

[294] "Talvez o caso mais emblemático de quebra do dever de lealdade por parte do sócio é a prática de efetiva concorrência pelo sócio (de modo direto ou indireto, por conta própria ou por meio de terceiros, inclusive mediante a participação, como sócio ou administrador, entre outros cargos, em outras sociedades; explorando a atividade — ou simplesmente realizando atos singulares — ou subsidiando a atuação dos concorrentes; desviando clientela para os concorrentes; aliciando funcionários; realizando triangulação de operações para beneficiar concorrentes; a associação à sua própria quota de concorrente etc.) em prejuízo da sociedade [...]" (SPINELLI, Luís Felipe. *Exclusão de Sócio por falta grave na Sociedade Limitada.* São Paulo: Quartier Latin, 2015. p. 142).

[295] "Desse modo, o elemento fundamental da concorrência, sua essência mesmo, é o intuito de alargar a clientela, em prejuízo de concorrentes dedicados ao mesmo segmento do mercado" (COELHO, Fábio Ulhoa. *Curso de Direito Comercial*: Direito da empresa. 18. ed. São Paulo: Saraiva, 2014. v. 1. p. 260).

[296] PELLEGRINELLI, Eduardo. A Obrigação de Não Concorrência à Luz da Jurisprudência. *In:* YARSHELL, Flávio Luiz; PEREIRA, Guilherme Setoguti. *Processo Societário.* São Paulo: Quartier Latin, 2021. v. IV. p. 313.

pela lei, referindo-se àqueles atos que visam a afastar os concorrentes de forma fraudulenta, ou mesmo através de meios imorais, desrespeitando direitos do consumidor, entre outros. Este tipo de concorrência desleal enseja reparação civil, nos moldes do que dispõe o art. 209 da Lei 9.279/96.

O fato é que, muitas vezes, não é fácil distinguir a concorrência leal da desleal, o que realmente faz a diferença são os meios empregados, "será, assim, pela análise dos recursos utilizados pelo empresário, que se poderá identificar a deslealdade competitiva".[297]

Muitos desses atos de concorrência desleal genérica e os crimes do art. 195 também podem ser praticados pelo administrador contra a companhia da qual é gestor, que pode ser aliciado por sociedade concorrente, como ocorre por exemplo, com a violação do segredo comercial da empresa, ou mesmo divulgação ou exploração de informações confidenciais que a sociedade não tinha interesse em divulgar, receber dinheiro ou outra utilidade para não praticar determinado ato para proporcionar vantagem a concorrente, entre outros.

Tal distinção é importante no tocante ao administrador, posto que, ao praticar tais condutas, o gestor não estará unicamente violando o dever de lealdade. Nestes casos, além da violação a tal dever, o administrador cometerá um crime de concorrência desleal, estando sujeito às penalidades estabelecidas na Lei.

3.4 Duração da não concorrência do administrador

Uma das questões bastante discutidas na doutrina acerca da não concorrência do administrador de S.A. diz respeito aos limites temporais do dever de não concorrência, ou seja, até quando o gestor de uma companhia estaria impedido de concorrer com esta.

Observe-se, no que concerne à questão temporal do dever de não concorrência do administrador, sendo este decorrente do dever fiduciário de lealdade, não sofre essa restrição indefinidamente, mas apenas durante o período em que estiver exercendo suas funções de gestor social. Assim, findando as funções de administração da companhia teoricamente estariam livres para participar de sociedades concorrentes, ou praticar atividades concorrentes com a sociedade da qual foi gestor.

E isso por alguns motivos. Tratando-se a não competição de situação excepcional, em que se restringe à concorrência, não se pode

[297] COELHO, Fábio Ulhoa. *Curso de Direito Comercial*: Direito da empresa. 18. ed. São Paulo: Saraiva, 2014. v. 1. p. 261.

efetivar tal restrição sem que haja uma obrigação estabelecida em lei ou sem que a parte tenha pactuado tal dever, sob pena da restrição ser considerada inconstitucional.

A livre concorrência permite aos consumidores escolher a melhor opção entre as várias existentes, e ocasiona que os agentes econômicos disputem a oportunidade o que consequentemente o leva a diminuir os preços e melhorar a qualidade do produto ou serviço[298] oferecido, sendo essencial ao bom funcionamento do mercado.

Trata-se de um princípio constitucional, previsto no art. 170, inciso IV, da Constituição Federal, ligado ao funcionamento do mercado e correlato à livre-iniciativa. Assim, nas palavras de Paula Forgioni:

> Ou seja, aos agentes é assegurada liberdade de desenvolvimento de atividade econômica e, para garantir a manutenção do sistema e das regras do jogo, são impostos limites à sua atuação, formatando o seu comportamento no mercado. A disciplina da concorrência coloca-se como correlata à livre iniciativa.[299]

Sob esta ótica, quando o administrador deixa de exercer cargo de gestão numa companhia, tem-lhe assegurada, mediante o princípio da livre concorrência, a garantia da disputa,[300] salvo se houver lei que determine a não concorrência, ou se houver estabelecido o contrário, mediante a celebração de um pacto.

Importante levar em consideração que o agente econômico tem o direito de buscar a satisfação de suas necessidades, não se podendo restringir suas atividades, se isto não está determinado legalmente ou se assim não ficou pactuado.

Apesar de alguns autores[301] defenderem que o dever de lealdade se estende ao período pós-gestão, com relação ao dever de não

---

298 "Pode-se dizer que a disputa produz externalidade positiva, pois reverte a favor do funcionamento do sistema econômico, diminuindo preços e aumentando a qualidade do produto ou do serviço oferecido aos consumidores" (FORGIONI, Paula A. *A Evolução do Direito Comercial Brasileiro:* da mercância ao mercado. 4 ed. São Paulo: Revista dos Tribunais, 2019a. p. 150).

299 FORGIONI, Paula A. *Os fundamentos do Antitruste*. 8. ed. São Paulo: Revista dos Tribunais, 2015. p. 135.

300 "Por força do princípio da livre-concorrência, aos agentes econômicos é assegurada a garantia da disputa, ou seja, i) que poderão disputar trocas com os outros agentes econômicos; e ii) que não terão suas oportunidades de troca indevidamente subtraídas por terceiros" (FORGIONI, Paula A. *A Evolução do Direito Comercial Brasileiro:* da mercância ao mercado. 4 ed. São Paulo: Revista dos Tribunais, 2019a. p. 149).

301 "A pesquisa jurisprudencial das manifestações de pós-eficácia revelou que, extinta uma obrigação, podem subsistir, a cargo das antigas partes, deveres de proteção, de informação e de lealdade [...]. No terceiro, verifica-se a persistência, depois de finda uma situação obrigacional, do dever de não optar por atitudes que possam frustrar o objectivo por ela

concorrência, defendemos a posição contrária, pelos motivos já expostos. Assim, não existe com relação ao dever de não concorrência nenhuma espécie de "quarentena" em face do dever de lealdade pelos motivos expostos.

Em alguns casos específicos, por exemplo com relação ao uso de informações confidenciais pelo ex-administrador, poder-se-ia defender, como alguns defendem,[302] a extensão do dever de lealdade para o período pós-mandato; no entanto, isso não se aplicaria ao dever de não concorrência do gestor, em face dos motivos já expostos anteriormente.

Na realidade, a situação deve ser analisada no caso concreto, para que se analise o dever de intensidade do dever de lealdade em cada situação ocorrida. Assim são as palavras de Spinelli:

> Ainda que se diga que não sofra substanciais alterações em sua aplicação, o dever de lealdade deve ser concretizado caso a caso tendo em vista a exigência de comportamentos em certa medida indefinidos — dependendo sua concreção das circunstâncias do caso, de acordo com o modo, tempo e lugar, bem como do cargo que o administrador ocupa, além da forma de atuação e das competências do respectivo órgão.[303]

No tocante à não concorrência propriamente dita, embora haja quem defenda que este estaria impedido de concorrer mesmo quando do término de sua função de administrador,[304] não há qualquer previsão legal na legislação brasileira nesse sentido.

Dessa forma, caso a companhia queira evitar uma competição indesejada por parte de um ex-administrador, acionista ou não da companhia, após o prazo de seu mandato de administrador, a saída

---

prosseguido ou que possam implicar, mediante o aproveitar da antiga posição contratual, a diminuição das vantagens ou, até, o infligir danos ao parceiro" (CORDEIRO, António Manuel da Rocha e Menezes. *Da Boa-Fé no Direito Civil.* 5. ed. Coimbra: Almedina, 2022. p. 629).

302 "Em contrapartida a esse acesso irrestrito às informações da sociedade, tem o dever de não divulgar a qualquer indivíduo aquelas que sejam obtidas no bojo de suas atribuições (tanto durante seu mandato quanto após seu término) e enquanto sua publicização tenha a potencialidade de acarretar danos ao ente coletivo (e, caso o caráter sigiloso da informação desapareça, extinto está o respectivo dever)" (SPINELLI, Luis Felipe. *Conflito de Interesses na Administração da Sociedade Anônima.* 1. ed. São Paulo: Malheiros, 2012. p. 172). Ainda, no mesmo sentido, art. 228 da *Ley de Sociedades de Capital* espanhola.

303 SPINELLI, Luis Felipe. *Administração das Sociedades Anônimas:* lealdade e conflito de interesses. São Paulo: Almedina, 2020. p. 34.

304 SPOLIDORO, Marco Saverio. Il divieto de concorrenza per gli amministratori di società de capitali. *Rivista delle società*, [s. l.], v. 28, n. 2, p. 1370–1371, 1983.
FORGIONI, Paula A. *A Evolução do Direito Comercial Brasileiro:* da mercância ao mercado. 4 ed. São Paulo: Revista dos Tribunais, 2019a. p. 112.

legal seria contratar uma cláusula e remunerar a não competição para períodos posteriores aquele em que perdure o exercício da sua função de administrador.

De tal maneira, convém repetir que, durante o decurso do mandato de um administrador, este fica impedido de concorrer com a companhia, dever que se extingue com o decurso do mandato, salvo se houver estipulação em contrário.

Nesse sentido, os contratantes têm plena autonomia para celebrar contratos da forma como bem lhes aprouver, inclusive podendo restringir direitos da forma como melhor entenderem, visando a adequar ao negócio pretendido por eles, tendo como limitação apenas os "limites postos pelo ordenamento estatal". Com isso, o *non compete* como obrigação da parte deve ter sido pactuado pelos contratantes, no exercício da autonomia da vontade, dentro dos limites estabelecidos na lei.

3.5 Fundamento do dever de não concorrência do administrador durante a gestão

Antes de adentrar na questão específica dos fundamentos do dever de não concorrer do administrador enquanto na gestão da companhia, é essencial tratar da influência que o instituto inglês do *trust* tem no direito societário dos países da *Common Law*, mas que influenciaram a legislação societária de diversos países e no Brasil, especialmente, no regime jurídico das sociedades anônimas.[305]

Um desses exemplos, que se aplica ao nosso estudo, é o dos administradores, os quais têm deveres fiduciários para com a sociedade, que é o que ocorre com o *trustee* perante o beneficiário do *trust*, embora os dois institutos seja considerados distintos.[306]

Assim, com relação às sociedades anônimas brasileiras, aplicam-se aos administradores os mesmos deveres fiduciários que norteiam a atuação dos *trustees* do direito anglo-saxônico.

Como já exposto, o ato de administrar uma sociedade exige do administrador a tomada constante de decisões, as quais são necessárias

---

305 "Aliás, a adoção de vários princípios basilares do trust anglo-saxônico se presta à complementação lógica do regime jurídico aplicável às sociedades por ações no Brasil" (SALOMÃO NETO, Eduardo. *O* Trust *e o Direito Brasileiro*. São Paulo: Trevisan, 2016. p. 13).

306 "Estruturalmente não se pode confundir o administrador da sociedade com o *trustee*, na medida em que o primeiro não detém a titularidade dos bens da sociedade, enquanto o *trustee* é titular dos bens sob *trust*. (SALOMÃO NETO, Eduardo. *O* Trust *e o Direito Brasileiro*. São Paulo: Trevisan, 2016. p. 117).

diante do leque de atividades que os administradores têm que desempenhar no dia a dia da companhia, Dessa forma, eles devem sempre estar avaliando e decidindo, tendo poder discricionário sobre interesses alheios, o que os faz um fiduciário por excelência.

O fundamento do dever de o administrador não concorrer com a companhia decorre da incidência do dever de lealdade dos gestores, no qual a técnica adotada é a de estabelecer regras por meio de padrões abstratos de conduta, tendo a legislação brasileira tentado descrever as condutas que seriam vedadas ao gestor praticar, mas não se limitando a estas conforme já mencionado, em face do rol apresentado ser exemplificativo.

Nesta mesma linha, o fundamento para a exigência de cumprimento deste dever pelo administrador se explica em face do poder deste frente à sociedade e ainda por estar ele administrando patrimônio alheio,[307] que neste caso, são dos demais acionistas, o que gera para a figura do administrador uma grande responsabilidade.

Assim, o dever de lealdade exigível no caso dos administradores fundamenta-se no princípio da correlação ou coordenação entre poder e responsabilidade,[308] aplicando-se sempre o princípio da boa-fé.

Seguindo esta mesma linha, o dever de não concorrência do gestor se fundamenta ainda na posição de extrema confiança que o administrador ocupa na companhia, que lhe permite ter acesso às estratégias empresariais, à clientela, tendo acesso às informações privilegiadas desta e ainda de ter o poder de gerir não só os negócios da companhia, mas todo o seu patrimônio, posição esta similar a dos *trustees* do direito anglo-saxão e do direito norte-americano.

Vale mencionar as palavras de Eduardo Salomão Neto ao tratar do tema:

> O tema pode ser desenvolvido mais uma vez tendo-se recurso às regras que orientam a atuação dos *trustees* na *Common Law*. É princípio firmemente estabelecido, tanto no Reino Unido como nos Estados Unidos da América, que o "*trustee* não deve se colocar em posição de conflito entre seus deveres e interesses", como enunciado no caso Boardman vs. Phipps, por Lord Upjonh, sendo que tal conflito é considerado como

---

307 "Nos sistemas societários, em geral, é o administrador que tem os seus deveres qualificados como fiduciários. É ele que administra o patrimônio alheio, assumindo, portanto, funções semelhantes às do credor fiduciário nos negócios fiduciários" (SALOMÃO FILHO, Calixto. *O Novo Direito Societário:* eficácia e sustentabilidade. 5. ed. São Paulo: Saraiva, 2019. p. 298).

308 ADAMEK, Marcelo Vieira von. *Abuso de Minoria em Direito Societário*. São Paulo: Malheiros, 2014. p. 162.

existente sempre que o *trustee* se estabelece como comerciante em concorrência com a atividade desenvolvida pelo *trust*.[309]

Caso o administrador passe a praticar atividades em sociedades que concorram com a companhia da qual faz parte enquanto desempenha tal tipo de função, tal competição poderia, em determinadas circunstâncias, deixar a sociedade numa situação de extrema fragilidade. Além da perda da confiança, esta que é elemento essencial à relação fiduciária estabelecida entre o administrador, os acionistas e a companhia, que neste caso ficaria abalada.

O elemento da confiança é essencial à relação fiduciária entre o administrador, a companhia e os acionistas,[310] assim, é inconcebível que o gestor de uma companhia passe a concorrer com esta, ou praticar atos em prol do seu interesse em prejuízo ao interesse social.

Assim, independente de assinatura de qualquer contrato com cláusula de exclusividade, o administrador, enquanto estiver em pleno exercício da gestão social, tem entre os seus deveres, o dever de atuar com ética empresarial e fidelidade ao objeto social e interesses da companhia, o que se torna incompatível com a prática da concorrência com a sociedade que administra, além deste estar violando o dever de lealdade exigível para o administrador das companhias.

3.6 Desnecessidade da ocorrência do dano para configuração da violação do dever de não concorrência do administrador

A concorrência praticada pelo administrador tem um grande potencial de causar danos à companhia que administra. No entanto, para a ocorrência da violação ao dever de lealdade não é necessário que o dano esteja configurado e sabe-se que a não concorrência do administrador é decorrente deste dever fiduciário. Assim, a violação deste dever nem sempre vem acompanhada de dano causado à sociedade.

Nesse sentido são as palavras de Ana Frazão sobre a desnecessidade de configuração do dano para violação do dever de lealdade:

309 SALOMÃO NETO, Eduardo. *O* Trust *e o Direito Brasileiro*. São Paulo: Trevisan, 2016. p. 166.

310 "Os administradores, são, portanto, galgados a seus cargos — os quais são tipicamente de confiança — para bem administrarem a companhia, de maneira técnica e sempre colocando o interesse social acima do pessoal" (SPINELLI, Luis Felipe. *Administração das Sociedades Anônimas:* lealdade e conflito de interesses. São Paulo: Almedina, 2020. p. 64).

Esclarecidos os principais desdobramentos do dever de lealdade, é importante salientar que a sua violação, tanto no que se refere à sua dimensão principiológica como no tocante às condutas vedadas, apresenta a peculiaridade de nem sempre vir acompanhada de danos ao patrimônio social.[311]

No tocante especificamente ao dever de não concorrer do administrador, não é necessária a configuração do dano econômico ou financeiro à companhia para que se viole o dever de não concorrer, bastando que ele pratique a concorrência, ou seja, exerça a competição.[312]

Na legislação brasileira, conforme já discutido no decorrer do presente, o art. 147, §3º, da LSA proíbe o administrador de exercer cargo de gestão em companhias concorrentes. Há, pois, um impedimento nesse sentido, o que mostra um caráter preventivo da não concorrência, ou seja, o fato dele exercer o cargo em companhia concorrente por si só, mesmo que não cause dano algum à companhia, a qual administra já é conduta que viola o dever de não concorrer com a companhia, podendo o gestor inclusive ser destituído por tal fato.[313]

Assim, o fato de exercer a concorrência por si só é violadora do dever de não concorrer e consequentemente do dever fiduciário de lealdade do administrador, não sendo necessário que seja configurado um dano econômico ou patrimonial à companhia.

Observe-se ainda que nos casos mencionados no §3º, I, do art. 147, a lei estabelece que a assembleia geral pode dispensar tais exigências. A inclusão de tal parágrafo no texto legal foi feita pela reforma legislativa da Lei das S.A., que ocorreu com a promulgação da Lei 10.303/2001.

A previsão da dispensa assemblear tem sido alvo de críticas, conforme já mencionado anteriormente.[314]

---

[311] FRAZÃO, Ana. *Função Social da Empresa:* repercussões sobre a responsabilidade civil de controladores e administradores de S/As. Rio de Janeiro: Renovar, 2011. p. 341.

[312] "Discute-se sobre se a prática de concorrência por parte do administrador é ilícito meramente formal ou é necessário que a companhia suporte algum dano. Para Pedro Portellano Diez a vedação da concorrência tem caráter preventivo (não precisa ter causado dano à companhia), já que o administrador tem informações da sociedade e, concorrendo, coloca-se em posição privilegiada diante de todos os agentes econômicos — pois não tem custos para obter informações necessárias ao exercício da atividade, o que ocorre com os demais empreendedores" (SPINELLI, Luis Felipe. *Conflito de Interesses na Administração da Sociedade Anônima*. 1. ed. São Paulo: Malheiros, 2012. p. 167).

[313] "Assim, na prática, quando exerce a concorrência sem estar autorizado, pode o administrador ser destituído (e sofrer eventuais sanções disciplinares), apesar de não necessariamente ser tal fato causa de ação social (art. 159), porquanto esta só existirá quando a companhia sofra algum dano (já que não se admite no Direito Brasileiro a imposição de *punitive damages*)" (SPINELLI, Luis Felipe. *Conflito de Interesses na Administração da Sociedade Anônima*. 1. ed. São Paulo: Malheiros, 2012. p. 169).

[314] *Vide* nota de rodapé 284.

Uma outra situação é a da ação de indenização para apuração da responsabilidade civil do administrador. Neste caso, a existência do dano será necessária para que seja movida a ação para apurar a responsabilidade civil do administrador, já que não existe o direito à indenização de um dano presumido. Nesse sentido, para que seja movida uma ação indenizatória que apure a responsabilidade civil do administrador, a existência do dano patrimonial será imprescindível[315] e dever ser provada.

3.7 Relação do dever de não concorrência do administrador com outros deveres ou vedações legais

3.7.1 Dever de não concorrência e dever de sigilo

A questão da não concorrência do administrador se relaciona com vários outros deveres que são ou devem ser praticados pelo administrador.

O administrador de uma companhia tem acesso amplo a informações e estratégias comerciais da sociedade da qual é gestor, tendo perante ela e seus acionistas o dever de sigilo sobre informações privilegiadas, especialmente as que não foram ainda divulgadas no mercado.

O §1º do art. 155 da Lei das S.A. estabelece o dever do administrador da companhia aberta de guardar sigilo sobre qualquer informação obtida em razão do cargo, que não tenha sido ainda divulgada no mercado, sendo ainda vedado valer-se da informação para obter vantagem, mediante a compra de valores mobiliários.

Assim, é possível que o administrador se utilize da sua posição de gestor, no qual o elemento "confiança" é sempre inerente a tal função, para numa atitude oportunista, utilizar-se das informações da companhia, para obter vantagem e podendo ainda, em face de tais informações, passar a concorrer com esta.

No tocante à esta utilização pelo administrador de informações sigilosas para concorrer com a sociedade da qual é gestor, ao praticar tal ato, ele tem o poder de destruir qualquer competição e ainda prejudicar gravemente a sociedade que administra.

---

[315] "O que o prejudicado deve provar, na ação, é o dano, sem consideração ao seu quantum, que é matéria da liquidação [...]. É preciso que prove o dano concreto, assim entendida a realidade do dano que experimentou, relegando para liquidação a avaliação do seu montante" (DIAS, José de Aguiar. *Da responsabilidade Civil*. 6. ed. Rio de Janeiro: Forense, 1979. v. 1. p. 94).

Ao agir dessa forma, ele ainda se coloca numa situação extremamente privilegiada em relação aos demais agentes que atuam no mercado, o que é óbvio, em face das informações das quais tem acesso em razão do seu cargo, o que não é permitido, nem desejável ao perfeito funcionamento do mercado.

As condutas são tão próximas que Spinelli chega a afirmar que:

> Assim, na prática, apesar de não idênticas, tais condutas são muito próximas, sendo difícil pensar em uma concorrência exercida pelo gestor sem que se valha dos dados sigilosos a que tenha acesso.[316]

Apesar do art. 155 se referir apenas às companhias abertas, alguns autores entendem que tendo em vista que esta obrigação decorre do dever de lealdade se aplicaria também às companhias fechadas.[317]

Para Adamek:

> Mesmo que a obrigação não se encontre expressa na lei acionária, é certo que, tanto nas companhias abertas como nas fechadas, os deveres de lealdade e diligência impõem ao administrador manter reserva ou disciplina a respeito das atividades da companhia.[318]

Na verdade, quando o administrador concorre com a sociedade, buscando a satisfação de seus interesses pessoais, mediante a utilização de uma informação sob a qual deveria guardar sigilo, em face de tê-la obtido em decorrência do exercício da gestão social, ele está agindo em prol do desequilíbrio do mercado, que pressupõe que todos os interlocutores tenham o mesmo nível de informação.

Como o administrador tem amplo acesso às informações da companhia, o exercício de uma concorrência utilizando-se de tais informações fica extremamente fácil. O dever de concorrer assim se relaciona facilmente com outros tipos de condutas vedadas descritas na Lei das S.A.

---

316 SPINELLI, Luis Felipe. *Conflito de Interesses na Administração da Sociedade Anônima*. 1. ed. São Paulo: Malheiros, 2012. p. 169.

317 "Todavia é importante ressaltar que, se os parágrafos do art. 155 tratam apenas do desdobramento do dever de sigilo sobre o mercado de capitais, é possível extrair do dever de lealdade a obrigação do sigilo e da proteção dos negócios da companhia mesmo para as companhias fechadas" (FRAZÃO, Ana; COELHO, Fábio Ulhoa; MENEZES, Maurício Moreira; CASTRO, Rodrigo R. Monteiro de; CAMPINHO, Sérgio. *Lei das Sociedades Anônimas Comentada*. 3. ed. Rio de Janeiro: Forense, 2024. p. 683).

318 ADAMEK, Marcelo Vieira von. *Responsabilidade dos Administradores de S/A e as ações correlatas*. 1. ed. São Paulo: Saraiva, 2009. p. 170.

Tal situação fica mais preocupante no momento do término do mandato do administrador, em que o gestor não estaria mais sob a incidência do dever de lealdade, estando livre para utilizar-se das informações obtidas em razão do cargo, passando a concorrer com a sociedade o que tem o potencial de causar grandes danos à mesma.

Neste ponto específico se tratará adiante se tal dever de sigilo do administrador continua mesmo no período pós-gestão.

3.7.2 Dever de não concorrência e usurpação de oportunidade comercial

Um outro tipo de conduta vedada que se relaciona diretamente com o dever de não concorrência é o dever de não usurpar as oportunidades comerciais da companhia.

Importante esclarecer de início que o dever de não concorrer não depende do surgimento de uma oportunidade comercial,[319] mas pode ocorrer a concorrência pelo aparecimento de uma oportunidade para a companhia na qual o administrador, ciente dela a utiliza para efetuar concorrência com a companhia da qual é gestor e cuja oportunidade estava a ela endereçada.

A dificuldade seria saber quando a oportunidade pertenceria a sociedade. Algumas situações são de simples verificação, assim, por exemplo, quando a sociedade já vem negociando determinado negócio, tendo manifestado interesse na operação, o administrador não pode se aproveitar e oferecer tal negócio a uma outra sociedade, ou mesmo se a oferta foi apresentada ao administrador na qualidade de órgão da sociedade.[320]

Clark, ao tratar do tema, deixa claro que a oportunidade é da companhia e não do fiduciário envolvido.[321]

Por vezes o dever de não concorrência se relaciona com o dever de não usurpar oportunidades comerciais. Assim, se a oportunidade

---

[319] "O dever de não concorrência não está dependente do surgimento de uma oportunidade de negócio para a sociedade. Só consideramos estar verdadeiramente perante uma oportunidade de negócio se essa surgiu ao administrador dirigida à sociedade" (MARTINS, Alexandre de Soveral. *Administração de Sociedades Anónimas e Reponsabilidade dos Administradores.* São Paulo: Almedina, 2020. p. 237).

[320] OLIVEIRA, Ana Perestrelo de. *Manual de Governo das Sociedades*. Coimbra: Almedina, 2017. p. 152.

[321] "The point is only that, as between the corporation and its fiduciary, the opportunity belongs to the corporation" (CLARK, Robert Charles. *Corporate Law*. Boston: Aspen, 1986. p 224).

surgida se relaciona com as atividades desenvolvidas pela sociedade, foi a ela endereçada na pessoa do administrador, e este tendo conhecimento que a sociedade tem interesse em desenvolver, ele não pode se apropriar desta oportunidade, oferecendo concorrência frente à companhia sob pena de estar violando o dever de lealdade, em face de estar usurpando da oportunidade obtida, com a finalidade de oferecer concorrência à companhia da qual é gestor.

No mesmo sentido, se a linha de negócios da sociedade ou seu objeto social estiver inserida na oportunidade usurpada pelo administrador e este utilizar-se disso para se beneficiar, mediante o aproveitamento da oportunidade para outra sociedade, estará praticando concorrência com a sociedade e por consequência violando o dever de lealdade, com referência ao dever de não concorrer com a sociedade.

Trata-se claramente de conduta desleal por parte do administrador que se apropria da oportunidade que sabe ser da sociedade, a qual ocupa a posição de gestor, oferecendo concorrência a tal sociedade.

3.8 O dever de não concorrência do administrador no direito comparado

Em diversos países, há dispositivo expresso vedando o administrador de exercer a concorrência com a sociedade, o que, como técnica legislativa adotada, é bem mais indicada e eficiente,[322] pois já proíbe definitivamente tal prática sem provocar discussões e polêmicas em torno da questão.

O dispositivo existente na legislação brasileira, qual seja, o §3º do art. 147 da Lei das S.A., é criticado em face de não ser tão abrangente como faz a legislação de outros países que conforme se verá já proíbem expressamente tal conduta.

Adiante se traz, comparativamente, alguns dispositivos de direito societário de países que proíbem a concorrência do administrador durante o mandato. A escolha dos países foi feita levando em consideração, por um lado, dos países em que os modelos dos deveres fiduciários influenciaram na formatação dos deveres fiduciários na legislação brasileira, como o do sistema norte-americano e o anglo-saxônico, ainda o do Direito alemão em que o dever de lealdade foi "primeiramente desenvolvido e por nele estarem os diversos institutos solidamente

---

[322] SPINELLI, Luis Felipe. *Conflito de Interesses na Administração da Sociedade Anônima*. 1. ed. São Paulo: Malheiros, 2012. p. 165.

estruturados[323] e reconhecido" e por outro lado, no direito europeu dos países de língua latina que foram a fonte próxima de inspiração do sistema brasileiro, Itália, Portugal e Espanha.

3.8.1 A não concorrência do administrador no direito português

No direito português os administradores, denominados gerentes, também estão sujeitos aos deveres de diligência, disciplinado no art. 64 do Código das Sociedades Comerciais e ao dever de lealdade.[324]

O dever de não concorrência com a sociedade no direito português decorre do dever de lealdade que todo gestor deve ter perante a sociedade e os acionistas, contando a legislação portuguesa com dispositivos expressos, vedando a concorrência dos gerentes, tanto para as sociedades de pessoas, quanto para as sociedades de capitais.

Como o objeto do presente estudo diz respeito à não concorrência do administrador nas sociedades anônimas, será abordado o dever de não concorrência do administrador na legislação portuguesa nas sociedades de capitais, especificamente por quotas e nas sociedades anônimas.

Na sociedade limitada, o dever de não concorrência do administrador está previsto no art. 254 do Código das Sociedades Comerciais, que dispõe que "os gerentes não podem, sem consentimento dos sócios, exercer, por conta própria ou alheia, actividade concorrente com a sociedade".[325]

Tal dispositivo expresso foi inspirado pelo art. 2390 do Código Civil italiano,[326] precisando que a concorrência que se veda é decorrente do exercício de atividades que estão abrangidas no objeto da sociedade,

---

323 ADAMEK, Marcelo Vieira von. *Responsabilidade dos Administradores de S/A e as ações correlatas*. 1. ed. São Paulo: Saraiva, 2009. p. 98.

324 "Na execução desses deveres, cabe-lhes actuar com a diligência prescrita no art. 64º. Além disso, ele incorre em deveres materiais de lealdade, uma construção clássica, inicialmente apoiada na boa-fé e que tem vindo a assumir uma estruturação própria" (CORDEIRO, António Manuel da Rocha e Menezes. *Direito das Sociedades*. 2. ed. Coimbra: Almedina, 2007. v. 2. p. 427).

325 PORTUGAL. *Decreto-Lei n.º 262/86*. Aprova o Código das Sociedades Comerciais. Lisboa: Diário da República, 1986.

326 "Quando da preparação do Código das Sociedades Comerciais, o anteprojeto de FERRER CORREIA (97º) veio prever expressamente a proibição de concorrência, inspirando-se no art. 2390º do Código Civil italiano, relativo a administradores das sociedades anônimas" (CORDEIRO, António Manuel da Rocha e Menezes. *Direito das Sociedades*. 2. ed. Coimbra: Almedina, 2007. v. 2. p. 428).

exercida de fato e não bastando a identidade formal do objeto,[327] podendo ser por atuação direta do administrador ou por atuação indireta através de uma interposta pessoa. Importante ainda observar que os sócios podem autorizar a prática da concorrência o que exclui a violação do dever de lealdade.

Nas sociedades anônimas, o dever de concorrência do administrador está previsto expressamente no nº 3 do art. 398 do Código das Sociedades Comerciais, sendo assim, vedado ao administrador praticar atos de concorrência com a companhia que administra, por conta própria ou alheia, bem como de exercer funções em sociedade concorrente ou de ser designados por conta ou em representação dessa sociedade concorrente.[328]

A assembleia geral pode autorizar a prática dos atos de concorrência, também do exercício de funções em sociedade concorrente, bem como a designação por conta da sociedade concorrente, o que evitará qualquer aplicação de penalidade ao administrador.

Os atos de concorrência estão conectados com as atividades descritas no objeto social da companhia e por ela exercida. Assim, se não houver deliberação da assembleia para a prática desses atos, entende-se que o dever de não concorrer abrange todas as atividades compreendidas no objeto social e que são exercidas pela companhia.[329]

Caso haja violação do dever de não concorrência, o administrador poderá ser destituído do cargo ou a sociedade ser ressarcida pelos danos que sofrer em decorrência da atividade concorrente.

3.8.2 Não concorrência do administrador no direito italiano

No Direito italiano, o dever de não concorrência dos administradores encontra-se expressamente previsto no art. 2390 do *Codice Civile Italiano* que assim dispõe:

[327] "Por outro lado, por actividade concorrente entende-se uma actividade similar à da sociedade protegida, exercida de facto, não bastando a identidade formal do objecto social (art. 254º, nº 2)" (ALMEIDA, António Pereira de. *Sociedades comerciais e valores mobiliários, instrumentos financeiros e mercados*. 1. ed. Coimbra: Almedina, 2022. v. 1. p. 239).

[328] MARTINS, Alexandre de Soveral. *Administração de Sociedades Anónimas e Reponsabilidade dos Administradores*. São Paulo: Almedina, 2020. p. 237.

[329] MARTINS, Alexandre de Soveral. *Administração de Sociedades Anónimas e Reponsabilidade dos Administradores*. São Paulo: Almedina, 2020. p. 239.

> Art. 2390. Divieto di concorrenza. Gli amministratori non possono assumere la qualità di soci illimitatamente responsabili in società concorrenti, né esercitare un'attività concorrente per conto proprio o di terzi, né essere amministratori o direttori generali in società concorrenti, salvo autorizzazione dell'assemblea. Per l'inosservanza di tale divieto l'amministratore può essere revocato dall'ufficio e risponde dei danni.[330]

Igualmente à legislação dos outros países, proíbe-se que o administrador da companhia assuma algumas funções em sociedade concorrente, buscando evitar um conflito de interesses com a sociedade da qual é gestor.

No entanto, também é permitido que a Assembleia autorize a eleição de administrador que tenha vinculação com sociedade concorrente. Tal autorização pode ser dada na assembleia, ou já vir expressa no estatuto social da sociedade.[331]

Por outro lado, a previsão para as situações de conflito de interesses dos administradores está prevista no art. 2391 do *Codice Civile*, o qual determina que o administrador deve informar qualquer interesse que tenha em operações da sociedade, detalhando sua origem, impacto na sociedade.[332]

3.8.3 Não concorrência do administrador no direito espanhol

Na Espanha, com a publicação da Lei 31/2014, se alterou a legislação das sociedades de capitais, modificando assim o art. 227, o qual estabelece o dever de lealdade dos administradores,[333] determinando que o administrador dever praticar atos de boa-fé e sempre em prol dos interesses da sociedade, introduzindo a obrigação de restituir o enriquecimento sem causa por parte dos administradores que não cumpram o dever de lealdade.[334]

---

330 ITÁLIA. *Regio Decreto 16 marzo 1942, n. 262*. Approvazione del testo del Codice civile. Roma: Gazzetta Ufficiale, 1942.

331 BONELLI, Franco. *Gli Amministratori di S.p.a. Dopo La riforma delle Società*. Milão: Giuffrè, 2004. p. 106–107.

332 SPINELLI, Luis Felipe. *Administração das Sociedades Anônimas:* lealdade e conflito de interesses. São Paulo: Almedina, 2020. p. 50.

333 SPINELLI, Luis Felipe. *Administração das Sociedades Anônimas:* lealdade e conflito de interesses. São Paulo: Almedina, 2020. p. 69.

334 RAMIREZ, Paulo Nuno Horta Correia. O dever de lealdade dos administradores de sociedades de capital e a obrigação de restituir o enriquecimento injusto ou sem causa: análise dos sistemas espanhol e português. *Revista Electrónica de Direito*, [s. l.], n. 2, p. 154–196, 2022.

Além deste, o art. 228 da *Ley de Sociedades de Capital* dispõe sobre as obrigações básicas que são derivadas do dever de lealdade,[335] estabelecendo na alínea "c" que os administradores devem abster-se de participar de deliberações em que seus interesses ou o de uma pessoa a ele vinculada, entre em conflito com os interesses da sociedade. Vale ressaltar que a lista apresentada não exaure todos os casos de violação de lealdade sendo o rol meramente exemplificativo.

Ao dispor sobre quais as situações de conflito de interesse que devem ser evitadas pelo administrador, o art. 229, 1, VI, traz nesta alínea o dever de não concorrência do gestor,[336] determinando que o administrador deve abster-se de desenvolver atividades, por si ou por outrem, que entrem em concorrência efetiva com a companhia, ou que de qualquer modo importem em conflito de interesses permanente com a sociedade da qual é gestor.[337]

3.8.4 A não concorrência do administrador no direito alemão

O dever de concorrência no direito alemão, como no Brasil, está conectado ao dever de lealdade (*Treuepflicht*) do acionista.

Como leciona o Jurista alemão Herbert Wiedemann ao tratar sobre o dever de lealdade dos membros de órgãos no Direito alemão:

> O dever de lealdade encontra-se de dois modos: uma vez como dever fiduciário típico de não desapontar a confiança nele depositada e, de outro lado, como dever típico de administrador de bens de não usar sua posição para perseguir interesses patrimoniais próprios [...].[338]

---

[335] SPINELLI, Luis Felipe. *Administração das Sociedades Anônimas:* lealdade e conflito de interesses. São Paulo: Almedina, 2020. p. 37.

[336] SPINELLI, Luis Felipe. *Administração das Sociedades Anônimas:* lealdade e conflito de interesses. São Paulo: Almedina, 2020. p. 71.

[337] "Art. 229. Deber de evitar situaciones de conflicto de interés. 1. En particular el deber de evitar situaciones de conflicto de interés a que se refiere la letra e) del articulo 228 anterior obliga al administrador a abstenerse de: [...] f) Desarrollar actividades por cuenta propria o cuenta ajena que entrañen una competencia efectiva, sea actual o potencial, con la sociedad o que, de cualquier otro modo, le sitúen en un conflicto permanente con los intereses de la sociedad" (SPINELLI, Luis Felipe. *Administração das Sociedades Anônimas:* lealdade e conflito de interesses. São Paulo: Almedina, 2020. p. 37).

[338] WIEDEMANN, Herbert. Vínculos de lealdade e regra da substancialidade: uma comparação de sistemas. Tradução Otto Carlos Vieira Ritter von Adamek. *Revista de Direito Mercantil*, [*s. l.*], n. 157, p. 7–25, 2011. p. 11.

Neste mesmo sentido a jurisprudência alemã teve um papel fundamental na evolução do dever de lealdade no mundo, mas foi ao BGH que coube o mérito inegável de firmar os deveres de lealdade como componente inalienável do atual direito societário.[339]

O dever de não concorrência do administrador no direito alemão está previsto nos §§112, 113 HGB[340] e no §88 AktG.[341]

Assim, no direito alemão (§88 AktG), se proíbem os administradores (diretores) de exercerem, por conta própria ou alheia, atividade em outra sociedade concorrente, podendo, tal exercício de atividade, ser consentida por via de deliberação do conselho geral. Sendo discutido se os membros do conselho de administração estariam impedidos de ocupar cargos em conselhos de administração de companhias concorrentes,[342] devendo ser analisado o caso concreto.

Importante ainda mencionar que na Alemanha os executivos das companhias fechadas não podem efetivar concorrência com a sociedade, mas nas abertas eles podem, caso obtenham autorização de um órgão, Conselho de Supervisão, denominado *Aufsichtsrat*.[343]

3.8.5 Não concorrência do administrador no direito inglês

No direito anglo-saxão, de onde se desenvolveu o *trust*, vários princípios deste instituto passaram a influenciar o direito societário inglês.[344] Exemplo dessa influência foi toda criação dos deveres fiduciários para os administradores, os quais eram similares aos dos *trustees*.

Assim, no direito inglês é pacífico que o administrador, igual ao *trust*, não deve se colocar em posição de conflito com a sociedade, ficando claro que existe conflito sempre que o administrador de uma

---

339 "A jurisprudência alemã teve papel decisivo neste processo evolutivo. Não se pretende traçar aqui, pormenorizadamente, a evolução das sentenças dos tribunais germânicos na matéria, mas cabe apontar que foi ao BGH que coube o mérito inegável de firmar os deveres de lealdade como componente inalienável do atual direito societário" (OLIVEIRA, Ana Perestrelo de. *Manual de Governo das Sociedades*. Coimbra: Almedina, 2017. p. 89).

340 RIBEIRO, Renato Ventura. *A Exclusão de Sócios nas Sociedades Anônimas*. São Paulo: Quartier Latin, 2005. p. 230-231.

341 WIEDEMANN, Herbert. Vínculos de lealdade e regra da substancialidade: uma comparação de sistemas. Tradução Otto Carlos Vieira Ritter von Adamek. *Revista de Direito Mercantil*, [s. l.], n. 157, p. 7-25, 2011. p. 12.

342 SPINELLI, Luis Felipe. *Conflito de Interesses na Administração da Sociedade Anônima*. 1. ed. São Paulo: Malheiros, 2012. p. 61.

343 SPINELLI, Luis Felipe. *Conflito de Interesses na Administração da Sociedade Anônima*. 1. ed. São Paulo: Malheiros, 2012. p. 165.

344 SALOMÃO NETO, Eduardo. *O Trust e o Direito Brasileiro*. São Paulo: Trevisan, 2016. p. 117.

sociedade desenvolve atividade concorrente com a da sociedade que administra, como acontece com o *trustee*.[345]

Tal influência, no entanto, não implica igualar os institutos, já que o administrador de uma sociedade não é um *trustee*, posto que no caso do administrador este faz a gestão de bens alheios, não tendo a titularidade dos bens dos acionistas, enquanto os *trustees* são titulares dos bens sob *trust*.[346]

A seção 175 (1) da *Companies Act*, legislação inglesa do ano de 2006, determina que o diretor deve evitar situações em que tenham ou possam ter interesses conflitantes com os interesses da companhia,[347] deixando claro que um conflito de interesses importa numa violação de deveres e um desses exemplos mais óbvios seria o do diretor que desenvolve atividade ou exerce função em empresa concorrente da companhia que atua como gestor.[348]

Alguns autores ingleses entendem que o ato de competir com a empresa, viola não apenas o dever de lealdade que o administrador da companhia deve cumprir, mais o próprio dever de promover o sucesso da empresa, podendo dependendo do caso concreto, violar o dever de não usurpar de oportunidades comerciais da companhia.

Vale transcrever os ensinamentos do autor inglês, Paul Davies sobre o tema:

> Competing will fall within one of the duties mentioned above, such as the duty to promote the success of the company or the corporate opportunity doctrine (which a director of competing companies will

---

[345] "É princípio firmemente estabelecido, tanto no Reino Unido como nos Estados Unidos da América, que o '*trustee* não deve se colocar em posição de conflito entre seus deveres e interesses' como enunciado no caso Boardman vs. Phipps, por Lord Upjohn, sendo que tal conflito é considerado como existente sempre que o *trustee* se estabelece como comerciante em concorrência com atividade desenvolvida pelo *trust*" (SALOMÃO NETO, Eduardo. *O* Trust *e o Direito Brasileiro*. São Paulo: Trevisan, 2016. p. 166).

[346] "A distinção entre ambos, *trustee* e administrador, é demonstrada fartamente pela jurisprudência inglesa, podendo-se exemplificativamente reproduzir parte do julgamento de Bowen L. J. no caso Imperial Hidripathic Hotel Co. vs. Hampson." (SALOMÃO NETO, Eduardo. *O* Trust *e o Direito Brasileiro*. São Paulo: Trevisan, 2016. p. 117).

[347] "Section 175(1) states that 'a director must avoid a situation in which he has, or can have, a direct or indirect interest that conflicts, or possibly may conflict, with the interests of the company'" (DAVIES, Paul L.; WORTHINGTON, Sarah; HARE, Christopher. *Gower Principles of Modern Company Law*. 11. ed. São Paulo: Thomson Reuters, 2021. p. 323).

[348] "One of the most obvious examples of a situation which might be expected to give rise to a conflict between two sets of a director's duties is where the director carries on or is associated with a business competing with that of the company" (DAVIES, Paul L.; WORTHINGTON, Sarah; HARE, Christopher. *Gower Principles of Modern Company Law*. 11. ed. São Paulo: Thomson Reuters, 2021. p. 336).

find causes great problems unless the director discloses all corporate opportunities equally to both companies).[349]

Convém ainda mencionar, que caso haja autorização dos membros desinteressados (diretores e acionistas) das companhias envolvidas, não haverá a violação dos deveres fiduciários neste caso, no entanto o administrador envolvido em tal situação teria que cumprir os deveres inerentes ao cargo nas duas companhias.[350]

3.8.6 Não concorrência de administrador no direito norte-americano

No direito americano, onde a matéria é bastante desenvolvida no que diz respeito aos administradores e ao controlador, não há dúvidas acerca da aplicação do dever de lealdade. Tal aplicação está prevista nos *Principles of Corporate Governance do American Law Institute*.[351]

A parte V destes *principles* regula o dever de lealdade dos administradores, do acionista controlador, bem como estabelece regras gerais acerca do dever de lealdade. No que concerne ao dever de não concorrência especificamente, não é tratado de forma uniforme nas legislações estaduais. Alguns estados proíbem a concorrência e outras não.[352]

O item §5.06 dos *Principles* proíbe os administradores de investirem capital de forma a entrarem em concorrência com a sociedade que administram, incluindo-se quaisquer atividades concorrentes.

Quando a legislação autoriza a competição, essa operação deve ser aprovada por *independent directors*, devidamente informados, ou ainda pelos acionistas da companhia, conforme estabelece os itens §5.06 (a) (2) e (3) do *Principles of corporate Governance*.

Tal procedimento de autorização por *desinterested directors* é exigida na maioria das jurisdições americanas, no que concerne não só

349 DAVIES, Paul. *Introduction to Company Law*. 2. ed. Oxford: Oxford Press, 2010. p. 185.

350 "Even when a director has consent to act for two principals, his fiduciary duties persist: he must comply with all his duties to each of them, unless he has their consent to do otherwise" (DAVIES, Paul L.; WORTHINGTON, Sarah; HARE, Christopher. *Gower Principles of Modern Company Law*. 11. ed. São Paulo: Thomson Reuters, 2021. p. 336).

351 OLIVEIRA, Ana Perestrelo de. *Manual de Governo das Sociedades*. Coimbra: Almedina, 2017. p. 97.

352 "No que concerne as legislações estaduais norte-americanas, cada uma apresenta regulamentação diferenciada, algumas permitindo a concorrência e outras não, sendo que, via de regra, o código de ética das companhias também regula a matéria" (SPINELLI, Luis Felipe. *Conflito de Interesses na Administração da Sociedade Anônima*. 1. ed. São Paulo: Malheiros, 2012. p. 168).

ao dever de não concorrência, mas também a quaisquer operações que importem em conflito de interesses com a companhia.[353]

O §5.09 estabelece ainda que o exercício da atividade concorrente poderá ser consentido de forma genérica, o qual combinado com o item §1.36 estabelecem que se a autorização genérica for dada no próprio estatuto da companhia ou aprovada pelo conselho de administração não será necessária a autorização prevista no §5.06 dos *Principles of Corporate Governance*.

O conceito de *desinterested director* foi formulado no §8.62 (d) do *Revised Model Business Corporation Act*, determinando que o *qualified director* (modificou-se de *desinterested* para *qualified*) seria aquele diretor que não tem qualquer forma de interesse financeiro na operação a ser realizada e nenhuma relação familiar, financeira ou mesmo profissional contraditório com a sociedade.[354]

No tocante à admissão da cláusula de não concorrência, a questão em torno da utilização da cláusula nos que se refere ao contrato de trabalho tem sido alvo de controvérsias. Recentemente, em 23 de abril de 2024, a *Federal Trade Comission* (FTC) norte-americana, emitiu decreto que proíbe a utilização da cláusula de não concorrência para os trabalhadores, sob a justificativa de que seria um método desleal de competição.[355]

Amanda Athayde, em artigo que trata do tema, publicado recentemente, mencionou que "a FTC alega que as cláusulas de não concorrência afetam 30 milhões de trabalhadores, o que corresponde a 20% da força de trabalho norte-americana".[356]

Eric Posner, em artigo publicado no jornal *Valor Econômico* em maio de 2024, ao comentar a proibição pela FTC comentou: "Contudo, a regra da CFC é baseada numa montanha de evidências empíricas que mostram que as cláusulas de não concorrência prejudicam os trabalhadores, os consumidores, a inovação e a mobilidade de funcionários".[357]

---

353 BAINBRIDGE, Stephen M. *Corporation Law and Economics*. New York: West Group, 2002. p. 310-312.

354 SPINELLI, Luis Felipe. *Conflito de Interesses na Administração da Sociedade Anônima*. 1. ed. São Paulo: Malheiros, 2012. p. 216.

355 ATHAYDE, Amanda; PEYNEAU, André Cúrcio; GUIDI, Maurício Fróes. O que a regra que bane a não concorrência com trabalhadores nos Estados Unidos pode sinalizar para as empresas no Brasil. *Migalhas*, [s. l.], 3 maio 2024.

356 ATHAYDE, Amanda; PEYNEAU, André Cúrcio; GUIDI, Maurício Fróes. O que a regra que bane a não concorrência com trabalhadores nos Estados Unidos pode sinalizar para as empresas no Brasil. *Migalhas*, [s. l.], 3 maio 2024.

357 POSNER, Eric. Pelo fim das cláusulas de não concorrência. *Valor Econômico*, [s. l.], 7 maio 2024.

Ora, a decisão tomada pela FTC parece ter um cunho específico de proteção as relações de trabalho, visto que a maioria das empresas não aplicam a cláusula com responsabilidade. Nesse contexto, Posner admite que *"nenhum desses problemas seria grande coisa se as não concorrências fossem usadas de modo responsável. Mas não são"*.

Diante dessa decisão, os americanos esperam que o número de empregos e até de empresas aumente consideravelmente nos Estados Unidos. Importante ressaltar que tal regra estabeleceu a exceção para executivos *seniors*, ou seja, com uma remuneração maior e com um poder de gestão dentro das companhias. Assim, para estes tipos de executivos, a estipulação da cláusula pode continuar a ser pactuada.

A regra tem 120 dias para entrar em vigor e a Câmara de Comércio norte-americana e outras instituições ingressaram na justiça para que tal proibição seja suspensa.

3.9 Não concorrência e *interlocking directorates* no direito americano e na legislação brasileira

O *interlocking directorates* teve sua origem nos Estados Unidos, especificamente através do *Clayton Act*, de 1914, e dispõe que ninguém pode ser diretor ou *officer* em duas companhias ao mesmo tempo.[358]

O dispositivo surgiu em decorrência de discussões acerca das práticas anticompetitivas e o conluio entre empresas, além das discussões sobre violações sobre dever de lealdade do administrador, além do que gestores comuns, ao atuarem em empresas concorrentes, podem representar risco à liberdade do mercado.

Nos Estados Unidos, esta prática é vedada e a matéria voltou a pauta recente, quando sete diretores de cinco companhias de diferentes setores renunciaram após serem terem suas práticas questionadas pelo Departamento de Justiça americano.[359]

Naquele país, a pauta tem sido referente ao direito concorrencial, já que facilita a troca de informações sensíveis das companhias, além de

---

[358] SPINELLI, Luis Felipe. *Conflito de Interesses na Administração da Sociedade Anônima*. 1. ed. São Paulo: Malheiros, 2012. p. 184.

[359] "By the end of 2022, much was said about the proactive approach of the United States Department of Justice (DOJ) involving interlocking directorates. That result in the unprecedent resignation of seven directors of five US companies from different sectors" (MEDRADO, René Guilherme S.; ATHAYDE, Amanda; CORDÃO, Catarina Lobo. Interlocking Directorates in Brazil: Is There an Antitrust Concern in Light of the Recent Discussions in USA? *SSRN Electronic Journal*, [s. l.], 21 jun. 2023).

facilitar o conluio entre concorrentes e a prática de diversas condutas anticoncorrenciais.[360]

No Brasil, não existe norma expressa de caráter concorrencial que proíbe o *interlocking directorates*, no entanto, na Lei das Sociedades Anônimas, existe a previsão do art.147, §3º, inciso I, da Lei 6.404/76 que determina que o conselheiro não pode ocupar cargo de administração em empresas concorrentes, o que proíbe assim, a prática do *interlocking directorates* no Brasil.

Tal dispositivo traz a regra para o conselheiro, no entanto, conforme já mencionado, entende-se que a norma se aplica para todos os administradores.[361] Assim, não só conselheiros, mas também diretores estariam englobados nesta proibição.[362]

A finalidade dessa previsão na lei societária foi preventiva e procura evitar a existência de conflitos de agência,[363] esclarecendo que a assembleia pode autorizar essa prática, no entanto, a dispensa assemblear só dever ser autorizada em casos específicos e justificáveis, sob pena de ser considerada abusiva e até contrária ao interesse social.

Ao tratar deste tema específico Ana Frazão explica que:

> Vale ressaltar, que a existência de conselheiros comuns em sociedades concorrentes cria dificuldades não somente no âmbito do Direito Societário, como também no Direito Concorrencial, já que os chamados *interlocking* pode levar a diversos tipos de coordenação entre sociedades envolvidas, que podem ter evidentes desdobramentos anticoncorrenciais, tanto sob a ótica das condutas, quanto sob a ótica das estruturas.[364]

---

360 MEDRADO, René Guilherme S.; ATHAYDE, Amanda; CORDÃO, Catarina Lobo. Interlocking Directorates in Brazil: Is There an Antitrust Concern in Light of the Recent Discussions in USA? *SSRN Electronic Journal*, [*s. l.*], 21 jun. 2023. p. 2.

361 "Encontramos, assim, no art.147, §3º, verdadeira regra de incompatibilidade para todos os administradores, o que não impede que o estatuto social imponha outros requisitos, além dos previstos em lei, que o administrador deva cumprir a fim de poder ser eleito, principalmente porque pode ser esta considerada uma boa prática de governança corporativa" (SPINELLI, Luis Felipe. *Conflito de Interesses na Administração da Sociedade Anônima*. 1. ed. São Paulo: Malheiros, 2012. p. 188).

362 *Vide* nota 278.

363 FRAZÃO, Ana; COELHO, Fábio Ulhoa; MENEZES, Maurício Moreira; CASTRO, Rodrigo R. Monteiro de; CAMPINHO, Sérgio. *Lei das Sociedades Anônimas Comentada*. 3. ed. Rio de Janeiro: Forense, 2024. p. 621.

364 FRAZÃO, Ana; COELHO, Fábio Ulhoa; MENEZES, Maurício Moreira; CASTRO, Rodrigo R. Monteiro de; CAMPINHO, Sérgio. *Lei das Sociedades Anônimas Comentada*. 3. ed. Rio de Janeiro: Forense, 2024. p. 622.

As preocupações com a existência dos *interlocking directorates* não existem só no campo do direito societário, por exemplo, com a questão de um possível vazamento de informações confidenciais de cada uma das sociedades, de situações de conflito de interesses, mas também na área do direito concorrencial, o que pode ocorrer se as empresas se coordenarem e formarem um conluio para a prática de diversas condutas anticoncorrenciais, como ocorreu recentemente nos Estados Unidos.[365]

[365] "According to the Organization for Economic Co-operation and Development (OECD), interlocking directorates can be harmful to competition by facilitating the exchange of sensitive information and the collusion/coordination between competitors explicity or implicity (in case of horizontal interlocking) and cause market foreclose (in case of vertical interlocking)" (MEDRADO, René Guilherme S.; ATHAYDE, Amanda; CORDÃO, Catarina Lobo. Interlocking Directorates in Brazil: Is There an Antitrust Concern in Light of the Recent Discussions in USA? *SSRN Electronic Journal*, [*s. l.*], 21 jun. 2023).

CAPÍTULO 4

A NÃO CONCORRÊNCIA DO ADMINISTRADOR NO PERÍODO PÓS-MANDATO

4.1 Da cessação do dever de lealdade com o término do mandato do administrador

Já foi visto nos capítulos anteriores que, na legislação brasileira, o administrador está sujeito ao dever de lealdade perante a sociedade e seus acionistas, em face do art. 155 da Lei 6.404/76, e é justamente devido à incidência do dever de lealdade sobre os gestores que o administrador não pode praticar concorrência com a sociedade, devendo agir em prol da realização dos interesses sociais.

Assim, no exercício do mandato, o administrador de uma companhia não pode concorrer com a sociedade a qual administra, o que seria um ato conflitante com os interesses sociais da companhia, a não ser nos casos de dispensa deste dever pela assembleia, conforme a exceção prevista no art. 147 da Lei das Sociedades Anônimas, caso contrário, estar-se-ia violando o dever fiduciário de lealdade incidente sobre os gestores.

E nesse sentido, a razão para tal proibição é clara e tenta evitar que surjam situações de conflitos de interesses enquanto estão em curso as atividades sociais, até porque o que se espera do administrador ao assumir um cargo de gestão na sociedade é que suas atividades estejam voltadas para a companhia que administra.

Ocorre, no entanto, que pode haver por parte da sociedade interesse em que o ex-administrador continue a não concorrer, por diversos fatores; por exemplo, por ter tido acesso a informações privilegiadas da companhia, conhecer as suas estratégias, entre outros, o que pode se tornar uma ameaça para a continuidade das atividades comerciais da sociedade, além do potencial de causar grandes prejuízos para aquela.

Nessa hipótese, urge saber se o dever fiduciário de lealdade perduraria após o período da gestão, ou seja, se um ex-administrador continuaria obrigado, em face do dever de lealdade a não concorrer com à sociedade, como uma espécie de "quarentena", ou se, findo o mandato, cessaria automaticamente o dever fiduciário de lealdade do administrador, não tendo este mais qualquer dever para com aquela.

No que concerne à questão da subsistência do dever de não concorrência após o período do mandato do administrador, sendo ele decorrente do dever fiduciário de lealdade, configurando-se ainda numa restrição ao princípio constitucional da livre concorrência e não havendo dispositivo legal nesse sentido, não continua a sofrer a restrição indefinidamente, mas apenas durante o período em que estiver exercendo tal função.[366] Tal dever apenas perduraria caso houvesse dispositivo expresso nesse sentido ou pactuação contratual, prevendo essa obrigação de não concorrência.

Assim, no direito brasileiro, findando o período do mandato de administrador, teoricamente podem os ex-administradores participar de sociedades concorrentes e até exercer cargos de gestão nas mesmas, até porque houve o término da relação de fidúcia, daquele período em que o administrador geria o patrimônio alheio, não mais existindo razão de ser da vedação da concorrência.

Todas as vedações e impedimentos são próprios da natureza da relação fiduciária que o administrador ocupa, o que cessa quando essa posição dentro da sociedade termina, até porque não existe dispositivo legal em sentido contrário. O ex-administrador não continua obrigado a não concorrer, estando livre para participar de outras sociedades, bem como exercer cargos de administração em outras empresas.

Existem, no entanto, posicionamentos divergentes, como o do autor português Menezes Cordeiro, que afirma que existiria uma pós-eficácia de alguns deveres, decorrentes da boa-fé objetiva, o que acarreta que certos deveres específicos subsistam, mesmo após a extinção da obrigação, e entre esses, segundo o autor português, encontra-se o dever de lealdade. Veja-se a opinião do autor:

---

[366] "El de la prohibición de competencia deriva de la propia posición fiducíón fiduciaria y del deber de lealtad que pesa sobre los administradores" (LLEBOT MAJO, Josep Oriol. *Los Deberes de Los Administradores de La Sociedad Anonima*. 1. ed. Madrid: Civitas, 1996. p. 91).

> A pesquisa jurisprudencial das manifestações de pós-eficácia revelou que, extinta uma obrigação, podem subsistir, a cargo das antigas partes, deveres de proteção, de informação e de lealdade. No terceiro, verifica-se a persistência, depois de finda uma situação obrigacional, do dever de não adoptar atitudes que possam frustrar o objectivo por ela prosseguido ou que possam implicar, mediante o aproveitar da antiga posição, a diminuição das vantagens ou, até, o infligir danos ao ex-parceiro. Integram-se, aqui, sub-hipóteses de grande relevo econômico, tais como o dever de fornecer peças sobresselentes e de velar pela assistência técnica da coisa cedida, o dever de não concorrência ou o dever de sigilo perante as informações obtidas na constância da vinculação extinta. Tudo isso assenta na boa-fé.[367]

Na realidade, alguns autores entendem que com a extinção do contrato, em face do princípio da boa-fé, alguns deveres de proteção remanescem para que o negócio cumpra os fins pelos quais foi celebrado.[368] No entanto, no que concerne ao dever de não concorrência, esse não é o entendimento predominante na doutrina[369] e na jurisprudência.

No Brasil, sendo a livre concorrência um princípio constitucional, previsto no art. 170, inciso IV, da Constituição Federal e um dos fundamentos da ordem econômica, o ex-administrador só não estaria livre para concorrer no mercado se houvesse uma restrição legal ou se assim fosse por ele pactuado, no livre exercício do princípio da autonomia da vontade.[370]

Sob a ótica do direito brasileiro, quando o administrador deixa de exercer cargo de gestão numa companhia, cessa o dever de lealdade, especialmente na modalidade do dever de não concorrer que este tem perante a sociedade e seus acionistas,[371] sendo-lhe assegurada, mediante

---

367 CORDEIRO, António Manuel da Rocha e Menezes. *Da Boa-Fé no Direito Civil*. 5. ed. Coimbra: Almedina, 2022. p. 628–629.

368 MARTINS-COSTA, Judith. *A boa-fé no direito privado*: critérios para sua aplicação. 2. ed. São Paulo: Saraiva, 2018. p. 473. No mesmo sentido: ASCARELLI, Tullio. *Problemas das Sociedades Anônimas e Direito Comparado*. 1. ed. São Paulo: Quórum, 2008.

369 SPINELLI, Luis Felipe. *Administração das Sociedades Anônimas:* lealdade e conflito de interesses. São Paulo: Almedina, 2020. p. 33–34. No mesmo sentido: ADAMEK, Marcelo Vieira von. *Responsabilidade dos Administradores de S/A e as ações correlatas*. 1. ed. São Paulo: Saraiva, 2009. p. 167.

370 "A leitura desses enunciados normativos evidencia que qualquer ato tendo por objeto ou por feito o prejuízo à concorrência constitui uma infração à ordem econômica, independentemente de culpa (i.e., da intenção do agente econômico a praticar o ato)" (FORGIONI, Paula; GRAU, Eros. *O Estado, a Empresa e o Contrato*. São Paulo: Malheiros, 2005. p. 192).

371 "Assim, os administradores podem exercer a concorrência após o término do mandato, salvo estipulação contratual em contrário (observando-se, evidentemente, limites territoriais e temporais, bem como quanto ao próprio objeto da atividade), mediante compensação" (SPINELLI, Luis Felipe, *op. cit.*, 2020, p. 33).

o princípio da livre concorrência, a garantia da disputa,[372] salvo se tiver estabelecido o contrário mediante a celebração de um pacto.

Além do mais, não existe no ordenamento jurídico brasileiro qualquer dispositivo prevendo a responsabilidade pós-contratual.

Importante levar em consideração que o agente econômico tem o direito de buscar a satisfação de suas necessidades, não se podendo restringir suas atividades, se isto não está determinado legalmente, ou se assim não ficou pactuado.

Neste caso específico de um ex-administrador, poderia haver interesse tanto por parte da sociedade, quanto por parte dele em pactuar que ele ficaria obrigado a não concorrer com aquela após a cessação de seu mandato.

Por parte da sociedade, pode haver o interesse de proteção de uma concorrência diferenciada por parte de um ex-gestor que conhece a sociedade, sua clientela, o próprio mercado em que ela desenvolve suas atividades, em que goza de *expertise* e, para o gestor, este pode ter interesse em assegurar um benefício pecuniário, garantindo rendimentos quando já não estiver na gestão da sociedade.

4.2 Da possibilidade da celebração de um pacto de não concorrência com eficácia pós-mandato do administrador

O pacto ou a celebração de uma cláusula de não concorrência com vigência pós-mandato impede que aquele ex-administrador passe a exercer concorrência no mesmo mercado que a sociedade atuava, o que à primeira vista seria uma limitação ao princípio da livre concorrência estabelecido na Constituição Federal, art. 170, inciso IV.

Assim, por representar restrições a direitos fundamentais, o estabelecimento desta obrigação de não concorrência tem gerado discussões e polêmicas, especialmente em face da discussão acerca de uma possível eliminação da concorrência, o que muitas vezes poderia ser feito através de um contrato entre concorrentes.

---

[372] "Por força do princípio da livre-concorrência, aos agentes econômicos é assegurada a garantia da disputa, ou seja, i) que poderão disputar trocas com os outros agentes econômicos; e ii) que não terão suas oportunidades de troca indevidamente subtraídas por terceiros" (FORGIONI, Paula A. *A Evolução do Direito Comercial Brasileiro:* da mercância ao mercado. 4 ed. São Paulo: Revista dos Tribunais, 2019a. p. 164).

O princípio da livre-iniciativa é um dos fundamentos da ordem econômica e garante aos agentes econômicos o acesso ao mercado.[373] Por outro lado, a livre concorrência garante a possibilidade de disputa, competição no mercado.[374]

Paula Forgioni, ao tratar do assunto, explica:

> Por força do princípio da livre concorrência, aos agentes econômicos é assegurada a garantia da disputa, ou seja: i) que poderão disputar trocas com os outros agentes econômicos; e ii) que não terão suas oportunidades de troca devidamente subtraídas por terceiros.[375]

No entanto, embora a cláusula de não concorrência importe em restrições a direitos fundamentais, ela não pode, *a priori*, ser considerada ilegal, uma vez que estabelecida no exercício da autonomia da vontade, decorrente da liberdade contratual das partes, na qual uma das partes pode perfeitamente aceitar restringir a sua liberdade de concorrer no mercado, o que não importa de forma alguma numa prorrogação do dever de lealdade.

Como se sabe:

> Os contratos instrumentalizam esse processo, pois dão as empresas a oportunidade de escolher com quem contratar, como contratar e o conteúdo da contratação. A autonomia privada é viga mestra do sistema contratual, servindo ao seu funcionamento.[376]

A liberdade de concorrência pode, em alguns casos, sofrer restrições, as quais podem ser de natureza legal ou convencional. Assim, ao lado das limitações legais, ditadas pelo Estado, existem ainda as limitações que podem ser convencionadas pelas partes, que neste caso se consubstanciam nas convenções de não concorrência.

Os contratantes têm plena autonomia para celebrar contratos da forma como bem lhes aprouver, inclusive podendo restringir direitos

---

[373] "O papel central do princípio da livre-iniciativa na economia capitalista é garantir que os agentes econômicos tenham acesso ao mercado e possam nele permanecer, assegurando o acesso à contratação" (FORGIONI, Paula A. *Contratos Empresariais:* Teoria Geral e Aplicação. 4. ed. São Paulo: Revista dos Tribunais, 2019b. p. 275).

[374] FORGIONI, Paula A. *Contratos Empresariais:* Teoria Geral e Aplicação. 4. ed. São Paulo: Revista dos Tribunais, 2019b. p. 277.

[375] FORGIONI, Paula A. *Contratos Empresariais:* Teoria Geral e Aplicação. 4. ed. São Paulo: Revista dos Tribunais, 2019b. p. 278.

[376] FORGIONI, Paula A. *Contratos Empresariais:* Teoria Geral e Aplicação. 4. ed. São Paulo: Revista dos Tribunais, 2019b. p. 112.

da forma como melhor entenderem, visando a adequar ao negócio pretendido por eles, tendo como limitação apenas os "limites postos pelo ordenamento estatal".[377]

Neste mesmo sentido, nem toda prática restritiva da competição é considerada ilegal, isto porque algumas restrições competitivas podem ser mais benéficas ao mercado e os prejuízos dela advindos serem menores e vantajosos para a economia como um todo.[378]

A base para que o administrador continue obrigado a não concorrer após a cessação do seu mandato reside na possibilidade de o administrador aceitar restringir a liberdade de concorrência, mediante a celebração de contrato, direito que lhe é assegurado constitucionalmente.

Assim, no caso do administrador da sociedade em que o dever de não concorrer cessa com o término do mandato, posto não estar ele mais sujeito ao dever de lealdade, este só continuará obrigado a não concorrer no período posterior ao término do seu mandato se pactuar expressamente nesse sentido, embasado na liberdade contratual das partes, consequentemente, no princípio da autonomia da vontade, o que é possível e admitido tanto pela doutrina como pela jurisprudência que tratam do tema.

4.3 Finalidade econômica das cláusulas de não concorrência

A cláusula de não concorrência tem sido usada em vários tipos de contratos envolvendo a sociedade e seu patrimônio, como a cessão de controle da sociedade, na compra e venda de bens do patrimônio social, nos contratos de fusão, aquisição, entre outros, tendo na maioria dos casos como função garantir que o alienante não ofereça concorrência ao adquirente, permitindo assim, que o adquirente consiga obter o lucro almejado com a celebração do negócio.

Quando é celebrada nos negócios societários tem uma função econômica que fica bastante evidente, especialmente quando é celebrada com o ex-administrador da companhia, que seria primordialmente a de garantir o aviamento,[379] que se consubstancia na capacidade de gerar o lucro do negócio.

---

[377] FORGIONI, Paula A. *Contratos Empresariais:* Teoria Geral e Aplicação. 4. ed. São Paulo: Revista dos Tribunais, 2019b. p. 112.

[378] FORGIONI, Paula; GRAU, Eros. *O Estado, a Empresa e o Contrato.* São Paulo: Malheiros, 2005. p. 195.

[379] "Embora seja difícil determinar a importância relativa de cada uma das causas, o aviamento de todo estabelecimento, *in concreto*, é o resultado não só do conjunto da organização

Nas palavras de Oscar Barreto Filho, o aviamento, do ponto de vista econômico "é um juízo de relação entre os diversos estabelecimentos que concorrem no mesmo mercado; desse confronto decorre a maior ou menor esperança de lucros futuros".[380]

Como o aviamento está ligado à clientela,[381] a cláusula também afasta o ex-administrador da clientela do negócio, com a retirada do mercado daquele agente que seria um grande conhecedor das informações, estratégias, oportunidades da companhia.

Ao dispor sobre a função econômica da Cláusula de não concorrência, o professor Ruy Pereira Camilo Júnior esclarece:

> A função econômica e primordial da cláusula em estudo é a preservação do *goodwill* e do aviamento [...] há um interesse legítimo e uma cláusula lícita na fixação da obrigação de não concorrência: a tutela indireta da base de clientes da empresa transferida [...].[382]

No caso da pactuação de uma cláusula de não concorrência com o ex-administrador, obviamente que se pretende restringir a concorrência desse agente, que foi um diretor, ou conselheiro da companhia e conhece mais a companhia que qualquer outro agente do mercado.

Ainda iria mais além, alguns autores indicam também como finalidade da cláusula de não concorrência com um ex-administrador a proteção do segredo comercial, ou mesmo de informações sigilosas da companhia.

Assim, ao contratar uma cláusula de não concorrência, em geral, se está retirando daquele mercado aquele agente por determinado período, o qual, em face de atuar anteriormente na sociedade, além de deter o *know-how* do negócio, conhece e se relaciona com a sua clientela, o que pode representar enorme "dificuldade" na continuidade do desenvolvimento das atividades da sociedade, a finalidade econômica seria a mesma, a proteção do lucro decorrente daquele negócio realizado, com a mesma finalidade econômica, qual seja, a proteção da capacidade de lucro que o negócio tem o potencial de gerar.

---

dos fatores de produção (bens e serviços), como também da atividade e das qualidades pessoais do comerciante (habilidade, cortesia, honestidade)" (BARRETO FILHO, Oscar. *Teoria do Estabelecimento Comercial.* São Paulo: Max Limonad, 1969. p. 173).

380 BARRETO FILHO, Oscar. *Teoria do Estabelecimento Comercial.* São Paulo: Max Limonad, 1969. p. 169.

381 BARRETO FILHO, Oscar. *Teoria do Estabelecimento Comercial.* São Paulo: Max Limonad, 1969. p. 169.

382 CAMILO JÚNIOR, Ruy Pereira. Cláusulas de não competição nas alienações societárias. *In:* ADAMEK, Marcelo Vieira von; PEREIRA, Rafael Setoguti Julio (coord.). *Fusões e Aquisições (M&A).* São Paulo: Quartier Latin, 2022. p. 899–930.

4.4 Definição e natureza jurídica da cláusula de não concorrência

Pela cláusula de não concorrência assinada por um ex-administrador da sociedade, este ficaria obrigado, após a cessação do seu mandato, a abster-se de praticar atos que importem em concorrência com a companhia; ou seja, atos de concorrência com as atividades que são desenvolvidas pela sociedade que está se beneficiando da cláusula. Sendo assim, sua natureza jurídica é obrigação de não fazer, posto que impõe a uma das partes uma conduta omissiva.

Nesse sentido, leciona Gomes: "a obrigação de não fazer tem por fim impedir que o devedor pratique ato que teria o direito de realizar se não tivesse obrigado a abster-se".[383]

Assim, no caso do ex-administrador da sociedade, este se obriga a abster-se de praticar ato que possa implicar uma competição com a sociedade a qual administrou, pelo prazo determinado no pacto que celebrou, ou seja, a obrigação de fazer assumida é contínua.

Daí se pode concluir que até que o prazo estabelecido no pacto de não concorrência se extinga, a obrigação de não fazer continua válida.

Assim, como leciona Ruy Pereira Camilo Júnior:

> Essa obrigação é contínua, por todo o seu prazo de eficácia. Isso implica dizer que, violado uma vez o imperativo da omissão, o pactuado não se extingue pelo inadimplemento, restando apenas perdas e danos: a obrigação segue vigorante. Cada infração a ela gerará nova multa (se estipulada), nova ordem cominatória judicial, e nova perdas e danos. A obrigação só se considerará satisfeita quando atingido o seu termo, sem descumprimento.[384]

A cláusula de não concorrência geralmente vem atrelada a algum negócio, sendo ainda "cláusula acessória e instrumental a uma operação econômica subjacente — sejam um contrato de trabalho ou administração, uma prestação de serviços, a compra e venda de participação societária ou trespasse de um estabelecimento — cuja utilidade tutela".[385]

---

[383] GOMES, Orlando. *Obrigações*. 16. ed. Rio de Janeiro: Forense, 2004. p. 51.

[384] CAMILO JÚNIOR, Ruy Pereira. Cláusulas de não competição nas alienações societárias. In: ADAMEK, Marcelo Vieira von; PEREIRA, Rafael Setoguti Julio (coord.). Fusões e Aquisições (M&A). São Paulo: Quartier Latin, 2022. p. 902.

[385] CAMILO JÚNIOR, Ruy Pereira. Cláusulas de não competição nas alienações societárias. *In:* ADAMEK, Marcelo Vieira von; PEREIRA, Rafael Setoguti Julio (coord.). *Fusões e Aquisições (M&A)*. São Paulo: Quartier Latin, 2022. p. 899.

Assim, caso não haja negócio válido e eficaz, a jurisprudência é no sentido de não aplicar à cláusula em face da sua acessoriedade.[386]

Diante dos benefícios econômicos que a celebração desta cláusula pode trazer às relações societárias, principalmente nos momentos de desalinhamentos entre os integrantes da sociedade e cessação de certas funções é que ela foi naturalmente introduzida no campo dos negócios societários.[387]

Paula Forgioni, ao tratar da utilização da cláusula em diversos tipos de negócios, explica:

> Há vários tipos de cláusulas de *non compete*. Naquela mais usual, ajusta-se que certas pessoas físicas [antigos controladores e diretores da empresa vendida, por exemplo] não se lançarão em negócio semelhante ao alienado. Em outras, as pessoas jurídicas estão envolvidas, colocando-se a restrição sobre as atividades de sociedades e/ou de empresas ligadas. Trata-se de prática absolutamente disseminada, em que partes estipulam cláusula expressa no instrumento do contrato, ajustando a restrição.[388]

No caso de uma cláusula de não concorrência para um ex-gestor da sociedade, não é difícil imaginar o transtorno e possíveis prejuízos que um antigo administrador, de excelente reputação no mercado, pode causar, caso após o término das suas funções, resolvesse ingressar em uma nova sociedade, realizando o mesmo tipo de atividade ou negócio, na mesma área geográfica em que a companhia atuava.

Dessa forma, perfeitamente compreensível que, dependendo da relação que um ex-gestor mantenha com a sociedade, sua clientela, a companhia tenha interesse em prorrogar a não concorrência desse gestor para o período pós-mandato.

---

386 SÃO PAULO. Tribunal de Justiça (2ª Câmara Reservada de Direito Empresarial). *Apelação Cível nº 1011013-28.2018.8.26.0008*. Rel. Des. Sérgio Shimura. Julgado em: 31 jan. 2020.

387 "Atendendo a uma necessidade econômica geral e tutelando um interesse legítimo da parte adquirente da participação societária, a cláusula tende a ser incorporada com naturalidade em operações de M&A, seguindo padrões de relativa uniformidade e um clausulado geral de pequena variação, em que pesem as especificidades sobre prazos, áreas de abrangência ou atividades vedadas" (CAMILO JÚNIOR, Ruy Pereira. Cláusulas de não competição nas alienações societárias. *In:* ADAMEK, Marcelo Vieira von; PEREIRA, Rafael Setoguti Julio (coord.). *Fusões e Aquisições (M&A)*. São Paulo: Quartier Latin, 2022. p. 900).

388 FORGIONI, Paula A. *Contratos Empresariais:* Teoria Geral e Aplicação. 4. ed. São Paulo: Revista dos Tribunais, 2019b. p. 288.

4.5 A cláusula de não concorrência no direito brasileiro

Antes do Código Civil de 2002, não existia na legislação brasileira nenhum dispositivo que tratasse da não concorrência, no entanto doutrina e jurisprudência discutiam acerca da questão já há bastante tempo.

Um dos primeiros questionamentos surgidos no início das discussões sobre o *non compete*, o qual se referia à transferência do estabelecimento comercial, foi justamente relativo à necessidade de existência de cláusula expressa de não concorrência celebrada pelas partes, quando da venda do estabelecimento.

Discutiu-se, na época, se existia uma obrigação implícita de não concorrência quando não houvesse tal cláusula expressa no contrato, como se constata em Ascarelli, para quem:

> O fundamento da proibição se encontra no princípio de deverem os contratos ser interpretados e executados de boa-fé, ora, versando o contrato sobre o estabelecimento, isto impede o alienante de desenvolver uma concorrência qualificada pela sua posição peculiar.[389]

Assim, para Tullio Ascarelli, o início de uma atividade concorrente para quem celebrou um contrato de trespasse, ou seja, para quem transferiu o estabelecimento comercial seria inadmissível posto que se estaria violando a boa-fé contratual, a qual exigiria um comportamento de abstenção por parte do alienante do estabelecimento.[390]

Dessa forma, existiu uma corrente muito forte, formada por juristas renomados,[391] que entendiam que a obrigação de não concorrer, em caso de venda do estabelecimento comercial, seria decorrente do princípio da boa-fé. Pontes de Miranda inclusive entendia que a concorrência nestes casos era desleal.[392]

Em meados do século XX, essa discussão permeou um caso muito famoso "O caso da Companhia Nacional de Tecidos de Juta X

---

389 ASCARELLI, Tullio. *Teoria della concorrenza e dei beni immateriali*. Milano: Giuffrè, 1956. p. 73–74.

390 ASCARELLI, Tullio. *Teoria della concorrenza e dei beni immateriali*. Milano: Giuffrè, 1956. p. 76.

391 "Em oposição, Carvalho de Mendonça e outros afirmavam que a limitação era ínsita à alienação do estabelecimento, eis que a coisa vendida deve ser feita boa, firme e valiosa, atendendo a boa-fé que necessariamente há de presidir o tráfico mercantil" (FORGIONI, Paula; GRAU, Eros. *O Estado, a Empresa e o Contrato*. São Paulo: Malheiros, 2005. p. 276).

392 MIRANDA, Francisco Cavalcanti Pontes de. *Tratado de Direito Privado*. Rio de Janeiro: Borsoi, 1956. t. XV. p. 378.

o Conde Álvares Penteado",[393] até por conta dos brilhantes causídicos que representavam as partes do processo. De um lado Ruy Barbosa, representando os interesses do Conde Álvares Penteado e da Companhia Paulista de Aniagem, que era acionista majoritário da Cia. das Jutas e, junto aos seus parentes, também acionistas, decidiram alienar suas quotas sociais a terceiros e após constituíram à Cia Paulista de Aniagem, que tinha o mesmo objeto da Cia. de Tecidos de Juta e defendendo esta, o brilhante jurista Carvalho de Mendonça.

A Companhia Nacional de Juta promoveu a ação contra o Conde e a nova sociedade objetivando o ressarcimento do valor pago como aviamento, pela clientela. A decisão final proferida pelo STF foi a de que como não houve a estipulação de nenhuma cláusula no contrato celebrado pelas partes, não se poderia presumir a renúncia do direito ao exercício de um determinado ramo do comércio.

Nessa época não havia qualquer previsão legal de obrigatoriedade de não concorrência no caso de transferência do estabelecimento comercial.

Com o Código Civil de 2002,[394] o art. 1147 estabeleceu uma regra de interdição da concorrência no caso da venda do estabelecimento (trespasse) por parte do seu alienante, pelo prazo de 5 (cinco) anos. No entanto, nos casos de outras operações comerciais não existem quaisquer previsões legais deste tipo, então todas as estipulações são negociadas no contrato celebrado entre as partes.

No entanto, apesar de não dispor de previsão legal para utilização da cláusula em outros tipos de negócios, esta foi incorporada ao mercado e vem sendo corriqueiramente utilizada, inclusive nos negócios societários, por exemplo, em operações de cessão de controle de sociedades,[395] contratos de franquia, sendo considerada uma cláusula socialmente típica.[396]

Na mesma lógica, sendo restrição de liberdade da parte contratante, a qual assume uma obrigação negativa de não contratar, ou não

---

[393] FÉRES, Marcelo Andrade. *Estabelecimento empresarial:* Trespasse e Efeitos Obrigacionais. São Paulo: Saraiva, 2007. p. 156.

[394] "Art. 1147. Não havendo autorização expressa, o alienante do estabelecimento não pode fazer concorrência ao adquirente, nos cinco anos subsequentes à transferência [...]" (BRASIL. *Lei nº 10.406, de 10 de janeiro de 2002*. Institui o Código Civil. Brasília, DF: Presidência da República, 2002).

[395] BUSCHINELLI, Gabriel Saad Kik. *Compra e Venda de Participações Societárias de Controle*. São Paulo: Quartier Latin, 2018.

[396] CAMILO JÚNIOR, Ruy Pereira. Cláusulas de não competição nas alienações societárias. *In:* ADAMEK, Marcelo Vieira von; PEREIRA, Rafael Setoguti Julio (coord.). *Fusões e Aquisições (M&A)*. São Paulo: Quartier Latin, 2022. p. 900.

atuar em determinado ramo de negócio, é necessário o cumprimento de certos requisitos e validade e eficácia.

Assim é, que não se pode estipular uma cláusula de *non compete* indefinidamente. Como já mencionado, por tratar-se de renúncia a princípios constitucionais econômicos, a livre concorrência[397] deve ser estabelecido um prazo, indicando-se o dia do início e final de sua vigência, sob pena de ser considerada nula, por violar a Constituição Federal, tratando-se assim de limitação temporal, requisito necessário à validade e eficácia da cláusula.

No mesmo sentido, Waldemar Ferreira, ao tratar dos requisitos, esclarece que:

> Vão se desfazendo as dúvidas que a legitimidade do pacto de não restabelecimento provoca. Ela é legítima. Mas desde que limitada. Em primeiro lugar, quanto ao seu objeto. Não seria válido, se de excessiva generalidade. Assim, se proibisse ao vendedor o exercício do comércio ou indústria em geral, indeterminadamente. Em segundo lugar, há de confinar-se no tempo e no espaço. E quanto ao gênero de negócio.[398]

Como já mencionado no caso do estabelecimento comercial (trespasse), o Código Civil de 2002 estabeleceu um limite de cinco anos para a não concorrência, podendo haver a pactuação de outro prazo que seja acordado pelas partes.

Assim, foi estabelecido que o alienante do estabelecimento não pode concorrer com o adquirente por este prazo; no entanto, o artigo 1147 não estabeleceu quais os limites materiais, nem geográficos da interdição da concorrência.

No entanto, para que a cláusula de não concorrência se coadune com os princípios constitucionais da livre-iniciativa e da livre concorrência, é necessário que seja delineada dentro de alguns requisitos de validade de cláusula.

Assim, não se pode estabelecer uma cláusula de *non compete* sem a delimitação do âmbito geográfico da proibição da concorrência, ou seja, a limitação espacial se faz necessária.

Sendo ainda necessário que haja a limitação material da cláusula, no sentido de estabelecer quais as atividades desenvolvidas pela sociedade em que concorrência é vedada, ou seja, se perquirir se a cláusula de não concorrência foi pactuada num contexto em que realmente os

---

397 BRASIL. [Constituição (1988)]. *Constituição de República Federativa do Brasil*. Brasília, DF: Presidência da República, 1988.

398 FERREIRA, Waldemar. *Tratado de Direito Comercial:* o estatuto do estabelecimento e a empresa mercantil. São Paulo: Saraiva, 1962. v. VII. p. 373.

negócios se relacionem, pois seria ilegal e até inconstitucional restringir a concorrência de forma genérica.

Assim, explica Ruy Camilo que "nesses casos, não há justificativa para que o dever de abstenção estenda-se a atividades cujo exercício não constituirá desafio competitivo para a sociedade e que tampouco impactará na sua clientela".[399]

4.6 Interpretação da cláusula de não concorrência

Todo contrato exigirá uma interpretação de quem o irá executar, bem como de uma gama de agentes que atuam no mercado e caso haja dúvidas ele poderá ser submetido à análise do Estado Juiz.

No exercício da interpretação de um contrato empresarial e especificamente de uma cláusula contratual, podem surgir dúvidas acerca da sua abrangência e alcance e nesse contexto o intérprete poderá lhe dar o devido sentido, para aplicá-la de forma que melhor atenda aos interesses das partes no negócio que estão a celebrar.

No Direito empresarial, em regra, as partes estão livres para contratar, empreender e têm plena autonomia para contratar da forma que melhor lhes aprouver. No entanto, como já dito, existem limitações impostas pelo Estado e em sua maioria, tais limitações são sempre acompanhadas de justificativas que são decorrentes de uma lógica econômica.

No que concerne à cláusula de não concorrência, por se tratar de restrição temporária de direitos e, ainda, por estabelecer limitações a princípios constitucionais de ordem econômica, quais sejam, o da livre concorrência e o da livre-iniciativa, deve ser interpretada de forma restritiva.

Ao tratar de interpretação restritiva Tércio Sampaio Ferraz esclarece:

> Uma interpretação restritiva ocorre toda vez que se limita o sentido da norma, não obstante a amplitude de sua expressão literal. Em geral o intérprete vale-se de considerações teleológicas e axiológicas para fundar o raciocínio [...]. Assim, por exemplo, recomenda-se que toda norma que restrinja os direitos e garantias fundamentais reconhecidos e estabelecidos constitucionalmente deva ser interpretada restritivamente.[400]

[399] CAMILO JÚNIOR, Ruy Pereira. Cláusulas de não competição nas alienações societárias. *In:* ADAMEK, Marcelo Vieira von; PEREIRA, Rafael Setoguti Julio (coord.). *Fusões e Aquisições (M&A).* São Paulo: Quartier Latin, 2022. p. 903.

[400] FERRAZ JÚNIOR, Tércio Sampaio. *Introdução ao Estudo do Direito:* Técnica, Decisão, Dominação. 3. ed. São Paulo: Atlas, 2001. p. 291.

Nessa linha, a interpretação da cláusula deve ser feita sob a perspectiva da instrumentalização, ou seja, levando-se em consideração os fins, objetivos do negócio, especialmente levando-se em conta que sob essa perspectiva não só incide a autonomia da vontade, mas essa gama de limitações de ordem jurídico constitucional.

Em sendo a cláusula de não concorrência uma exceção a princípios constitucionais, conforme demonstrado, a renúncia a tais princípios deve ser vista com as cautelas legais necessárias, devendo decorrer de norma legal ou vir expressa em contrato, bem como comportar interpretação restritiva, nos termos já dispostos.

Dessa forma, estando o intérprete em dúvida sobre o sentido e alcance da cláusula pactuada, deverá evitar estender a não concorrência e aplicá-la nos limites necessários à tutela do negócio realizado.[401]

Assim, "impõe-se ao julgador cautela na verificação do tênue limite existente entre a observância da necessária proteção a não concorrência e o respeito aos comandos constitucionais que resguardam a livre iniciativa" (art. 170, *Caput*, CF).[402]

Embora a cláusula de não concorrência importe em restrições à direitos fundamentais, ela não pode, *a priori*, ser considerada ilegal, uma vez que estabelecida no exercício da autonomia da vontade, decorrente dos costumes empresariais para suprir uma demanda do mercado.

Assim, no exercício da interpretação de um contrato empresarial, o primeiro aspecto a ser observado pelo intérprete é buscar encontrar a vontade das partes naquele caso concreto, ou seja, naquele contrato que celebraram.

Como esclarece Paula Forgioni:

> Os contratos instrumentalizam esse processo, pois dão as empresas a oportunidade de escolher com quem contratar, como contratar e o conteúdo da contratação. A autonomia privada é viga mestra do sistema contratual, servindo ao seu funcionamento.[403]

Por outro lado, o intérprete há de fazer ainda uma análise da atividade realmente praticada pelo contratante e ainda da atividade a

[401] "As cláusulas de *non compete*, porque significam restrição à livre iniciativa e à livre concorrência, hão de ser interpretadas restritivamente" (FORGIONI, Paula A. *Contratos Empresariais:* Teoria Geral e Aplicação. 4. ed. São Paulo: Revista dos Tribunais, 2019b. p. 292).

[402] SÃO PAULO. Tribunal de Justiça (2ª Câmara Reservada de Direito Empresarial). *Agravo de Instrumento nº 2131423-64.2014.8.26.0000.* Rel. Des. Ricardo Negrão. Julgado em: 22 set. 2014.

[403] FORGIONI, Paula A. *Contratos Empresariais:* Teoria Geral e Aplicação. 4. ed. São Paulo: Revista dos Tribunais, 2019b. p. 112.

qual se quer restringir à concorrência. Há de haver uma correspondência entre ambas, posto que em não havendo tal correspondência estará se restringindo excessivamente à concorrência, o que acarretará a invalidade da cláusula por violação do princípio constitucional da livre concorrência.

Uma outra questão importante acerca do tema da interpretação da cláusula de não concorrência, diz respeito à aplicabilidade da interdição da concorrência quando ela não for expressamente pactuada e se refira a outras operações que não a de trespasse do estabelecimento.

Alguns juristas defendem que, em face da aplicação do princípio da boa-fé contratual, o administrador deveria continuar proibido de exercer a concorrência com a companhia, durante certo período, sob o argumento de que o contratante deveria garantir o fim do contrato.

No entanto, em face da livre concorrência ser a regra estabelecida na Constituição Federal, não se pode aceitar que se estabeleçam quaisquer restrições à parte, que não sejam decorrentes de contrato, mediante uma intepretação justificada pela aplicação do princípio da boa-fé contratual. O intérprete não pode, nestes casos, criar uma obrigação que não foi pactuada nem estabelecida legalmente.

Como se sabe, o princípio da boa-fé obriga a todos os contratantes a agirem dentro de certos padrões de probidade, honestidade e se aplica aos contratos de uma forma geral, inclusive aos contratos empresariais, tanto no momento da celebração do contrato, quanto na fase de sua execução.

Dessa forma, mesmo que nos contratos empresariais a finalidade seja o lucro, ele se aplica a tais contratos. Ocorre que a aplicação desse princípio no Direito empresarial deve ser feita com as cautelas inerentes aos contratos celebrados em face das relações econômicas.

Sendo assim, o princípio da boa-fé não pode nem deve ser aplicado da mesma forma nos diversos tipos de relações. A aplicação deste princípio será efetivada de forma diferente, caso a relação seja de consumo, civil, ou mesmo de natureza empresarial, entre outras.

Nesse sentido, esclarece Judith Martins-Costa que:

> A cláusula geral da boa-fé não atua unidimensionalmente, não se configura sempre do mesmo modo, mas se articula dinamicamente com as circunstâncias fáticas e normativas peculiares a cada setor em que se desdobra a experiência jurídica.[404]

[404] MARTINS-COSTA, Judith. O Exercício Jurídico Disfuncional e os Contratos Interempresariais. *Revista do Advogado*, [s. l.], v. 28, n. 96, p. 48–58, mar. 2008. p. 57.

Sendo assim, defende-se a aplicação do princípio da boa-fé nos contratos empresariais, aplicando-se mediante a delimitação necessária e inerente as peculiaridades do Direito empresarial.

Nestes casos, a cláusula deve ser interpretada com cautelas e levando-se em consideração os acordos empresariais formulados entre as partes, não podendo ser aplicado o princípio da boa-fé para estender restrições e ou obrigações que não foram pactuadas, nem decorrentes de lei.

Existem muitas situações relacionadas com a interpretação restritiva, como o reconhecimento de que a dissolução parcial da sociedade por si só não gera obrigação de não concorrência para o sócio retirante ou excluído, mesmo sendo administrador, o reconhecimento da impossibilidade de impor restrições à concorrência após o prazo estabelecido, entre outras.

Com relação ainda a interpretação restritiva que deve ser feita pelo intérprete, o objeto da não competição, conforme já explicitado anteriormente, abrange apenas as atividades realmente desempenhadas pela empresa que podem ser submetidas à interdição da concorrência, não podendo assim o intérprete ao analisar o caso, ampliar o objeto e incluir todas as atividades que estão descritas no objeto social, bem como ampliar a restrição para incluir na interdição da concorrência os atos preparatórios para a futura concorrência.

Nesse sentido, convém mencionar os ensinamentos da Prof.ª Paula Forgioni sobre o tema:

> Não estamos tratando de fraudes escancaradas. Preocupam-nos as situações em que se pretende estender o *non compete* a pessoas {físicas e jurídicas} não expressamente mencionadas no instrumento, bem assim a atividades que não implicam concorrência direta e efetiva com a empresa alienada. É bem verdade que, na complexidade das relações empresariais, cada caso exigirá uma solução, de acordo com a situação fática. Mas a regra geral há de ser fixada, até mesmo porque bem conhecida: interpreta-se sempre a favor das liberdades constitucionais, e os agentes econômicos não podem ser obrigados a não empreender e a não competir, além dos limites que expressamente contratam.[405]

Assim, após a cessação do mandato do administrador, este apenas será impedido de praticar atividades que importem concorrência

---

[405] FORGIONI, Paula A. *Contratos Empresariais:* Teoria Geral e Aplicação. 4. ed. São Paulo: Revista dos Tribunais, 2019b. p. 292.

com os demais *players* do mercado caso tenha pactuado expressamente esta obrigação de não concorrer, ou seja, caso este tenha limitado o seu direito de forma voluntária mediante a celebração do pacto de não concorrência, o qual, diante de tudo o que foi exposto, deverá ser interpretado de forma restritiva, nos limites da contratação que realizaram.

4.7 Deveres pós-contratuais decorrentes da boa-fé e não concorrência

Existem alguns deveres que subsistem ao término do contrato,[406] decorrentes do dever de lealdade, como exemplo, o dever de confidencialidade e sigilo dos assuntos que o administrador tomou ciência em decorrência do exercício da função.

Tais deveres são decorrentes do princípio da boa-fé objetiva, consagrado no art. 422 do Código Civil, o qual garante o cumprimento dos fins que levaram as partes a celebrar o negócio, mesmo após a fase posterior ao pacto.[407]

Trata-se da doutrina da *culpa post pactum finitum,* a qual ingressou no direito brasileiro através da jurisprudência[408] e do princípio da boa-fé.

Segundo o jurista Menezes Cordeiro, depois de extinto um contrato, pelo seu cumprimento ou por qualquer outra forma, subsistiriam alguns deveres para os ex-contratantes.[409] Caso tais deveres sejam violados, em havendo dano, pode se gerar o dever de indenizar. O autor português menciona três tipos de deveres, os de proteção, informação e lealdade. Assim leciona o autor:

> No primeiro caso, constata-se que, concluído e extinto um processo contratual, as partes continuam vinculadas, em termos específicos, a

---

406 "Extinto o contrato, guardam ainda os contraentes o dever de não o inviabilizar, em vista dos fins que haviam perseguidos pelo negócio. Com base na boa-fé remanescem deveres jurídicos de proteção, embora extintos os de prestação. Assim, exemplificativamente, os deveres de confidencialidade ou de abstenção de condutas que possam por em risco o objeto a que estava direcionado o contrato" (MARTINS-COSTA, Judith. *A boa-fé no direito privado*: critérios para sua aplicação. 2. ed. São Paulo: Saraiva, 2018. p. 473).

407 "[...] se as partes têm de observar a função social do pacto, considerada esta uma limitação à autonomia privada, que busca um comportamento ético, dentro da mais exata noção de comutatividade e boa-fé, essa atitude deve estar presente na formação do contrato e em seu momento posterior" (DONNINI, Rogério. *Responsabilidade civil pós-contratual.* 3. ed. São Paulo: Saraiva, 2011. p. 150).

408 RIO GRANDE DO SUL. Tribunal de Justiça (5ª Câmara Cível). *Apelação Cível nº 588042580.* Rel. Des. Ruy Rosado de Aguiar Jr. Julgado em: 16 ago. 1988.

409 CORDEIRO, António Manuel da Rocha e Menezes. *Da Boa-Fé no Direito Civil.* 5. ed. Coimbra: Almedina, 2022. p. 626.

> não provocarem danos mútuos nas pessoas e nos patrimónios uma da outra. [...] No segundo, assiste-se à manutenção, a cargo das antigas partes num contrato, de deveres de informação relacionados com o acto antes efectivado: o dever de explicar o funcionamento de uma máquina de tipo novo, antes vendida, ou de prevenir perigos comportados pelo objecto de uma transacção encerrada. No terceiro, verifica-se a persistência, depois de finda uma situação obrigacional, do dever de não adoptar atitudes que possam frustrar o objectivo por ela prosseguido ou que possam implicar, mediante o aproveitar da antiga posição processual, a diminuição das vantagens ou, até infligir danos ao ex-parceiro.[410]

Assim, no que se refere, por exemplo, ao dever de manter sigilo das informações que tomou ciência em virtude da função exercida, o ex-administrador continuaria obrigado mesmo após o término do mandato, em face do princípio da boa-fé, a guardar alguns tipos de informações, por exemplo informações que não são do domínio público, ou seja, informações restritas e que o administrador tomou ciência em decorrência do cargo, em que a companhia não tem interesse em divulgar, que tragam vantagem para companhia, como um segredo em que a companhia não deseja divulgar.

Já no tocante ao dever de não concorrência do administrador decorrer do dever de lealdade, em face do princípio constitucional da livre concorrência, entende-se que este cessa de imediato, em face da não concorrência ser uma exceção que só deve persistir, caso seja expressamente pactuada[411] ou em virtude de lei que assim determine. Na legislação brasileira, a regra é a livre concorrência, sendo assim, após o período da gestão não existe qualquer previsão de se continuar obrigado à não concorrência, visto que o dever de lealdade já cessou, não existindo obrigação implícita decorrente da boa-fé objetiva, restando apenas a celebração de um contrato com tal finalidade para que o gestor continue obrigado a não concorrer.

Neste mesmo contexto, chama atenção para a prática do mercado que é ser livre para empreender, para concorrer, sendo a não concorrência uma grande limitação aos direitos do ex-administrador. Assim, nas palavras de Paula Forgioni, ao tratar da boa-fé nestes casos:

> Atenção deve ser dada à proteção da boa-fé objetiva nestes casos e aos equívocos que em seu nome tenham sido cometidos. A boa-fé objetiva

---

410 CORDEIRO, António Manuel da Rocha e Menezes. *Da Boa-Fé no Direito Civil*. 5. ed. Coimbra: Almedina, 2022. p. 628–629.

411 HANNIGAN, Brenda. *Company Law*. 6. ed. Oxford: Oxford University Press, 2021. p. 235.

exige a consideração do efetivo e atual comportamento dos agentes econômicos. Não existe legítima expectativa e boa-fé construída longe daquilo que normalmente ocorre no mercado. Contrata-se a não concorrência, paga-se por ela. Dá-la de presente significa premiar o oportunismo disfuncional do agente econômico.[412]

Assim, neste caso específico, a doutrina e jurisprudência pátria não acolhem a pós-eficácia deste dever de não concorrência no caso do ex-administrador da sociedade anônima.

4.8 Regime jurídico para a utilização da cláusula de não concorrência com eficácia pós-mandato do administrador

No âmbito do direito societário, a utilização da cláusula de não concorrência não tem regulamentação específica; na maioria dos casos, as regras são definidas de acordo com os termos avençados no contrato, no entanto, ela só será válida, caso respeite certos limites.

A doutrina e jurisprudência têm se utilizado da aplicação analógica dos requisitos de validade (limitações) estabelecidos para o trespasse do estabelecimento comercial, descritos no art. 1147 do Código Civil, tais como, o prazo limite de 5 (cinco) anos, para aplicá-los às operações societárias, bem como outras limitações de ordem territorial ou geográfica e material.

Assim, existem julgados no sentido de que a regra do art. 1147 do Código Civil, a qual veda a concorrência no caso do trespasse de estabelecimento, não se aplica a cessão de quotas sociais em face da interpretação restritiva que se dever dar ao referido dispositivo legal.[413]

Nesse contexto, esta aplicação analógica é questionável, posto que o art. 1147 é regra específica para o trespasse do estabelecimento comercial.[414] A relação entre sócios é de natureza contratual, predominando sempre o princípio da autonomia privada, tendo o art. 1147 do Código Civil aplicação específica para o trespasse como já aventado.

---

412 FORGIONI, Paula A. *Contratos Empresariais:* Teoria Geral e Aplicação. 4. ed. São Paulo: Revista dos Tribunais, 2019b. p. 291.

413 SÃO PAULO. Tribunal de Justiça (1ª Câmara de Direito Empresarial). *Agravo de Instrumento nº 2139605-68*. Rel. Des. Hamid Bdine. Julgado em: 19 out. 2016.

414 "Note-se bem que essa regra específica para o caso de trespasse do estabelecimento" (FORGIONI, Paula A. *Contratos Empresariais:* Teoria Geral e Aplicação. 4. ed. São Paulo: Revista dos Tribunais, 2019b. p. 290).

É fato que, ao se pactuar uma cláusula de não competição, se visa a excluir de maneira temporária aquele agente do mercado, importando, pois, numa restrição aos princípios constitucionais orientadores desse mercado, quais sejam os princípios da livre-iniciativa e da livre concorrência, descritos no art. 170 da Constituição Federal.

Assim, o empresário está livre para usar de todos os recursos que estejam a ele disponíveis para exercer a sua atividade econômica, empreender, sem quaisquer preferências, ou seja, sem privilégios ou restrições, nos limites estabelecidos pela legislação.

Dessa forma, a regra que rege a atividade econômica do Brasil é a liberdade plena para participar do mercado e para concorrer com os demais agentes que nele atuam. A finalidade é criar um ambiente de competição leal, sem monopólios, em que os empresários concorram em busca de uma clientela e almejando o lucro.

A regulação passa a ser muito importante, porque visa exatamente a criar um ambiente de competição honesta, repudiando o abuso do poder econômico, a formação de monopólios, a concorrência desleal, o que requer um Estado atuante, nesse sentido, prevenindo e punindo as práticas anticoncorrenciais. Além disso, é comum nesse ambiente de trocas e de negócio, o comportamento oportunista de agentes econômicos que atuam no mercado mediante condutas individualistas e anticoncorrenciais que podem afetar ou causar uma perda aos concorrentes, se fazendo necessárias as limitações legais provenientes da regulação.

Ao lado das limitações legais, ditadas pelo Estado, existem ainda as limitações que podem ser convencionadas pelas partes. Os contratantes desfrutam de plena autonomia para celebrar contratos da forma como bem lhes aprouver, inclusive podendo restringir direitos da forma como melhor entenderem, visando a adequar ao negócio pretendido por eles, tendo como limitação apenas os "limites postos pelo ordenamento estatal".[415]

É no âmbito desta autonomia da vontade que a cláusula de não competição está inserida. Ela é pactuada nos contratos, as partes contratam que não vão competir e ainda decidem quais os limites da não competição, como o a esfera de abrangência, o lapso temporal que a interdição da competição irá vigorar, o tipo de atividade, entre outros. Com essa interdição da concorrência, as partes reduzem a concorrência e ainda, minimizam os riscos de não obterem os resultados almejados com a celebração do negócio.

---

[415] FORGIONI, Paula A. *Contratos Empresariais:* Teoria Geral e Aplicação. 4. ed. São Paulo: Revista dos Tribunais, 2019b. p. 112.

E, nesse contexto, embora a cláusula importe numa restrição aos princípios constitucionais da livre concorrência e livre-iniciativa, "é admitida pelo direito, na medida em que interessa à fluência das relações de mercado e, inúmeras vezes, viabiliza o próprio negócio."[416]

É bem verdade que o direito comercial deve se coadunar com as regras impostas pelo ordenamento estatal, entre as quais os direitos fundamentais e os princípios constitucionais que regem toda a ordem econômica. Tais princípios devem ser seguidos quando das interpretações dos contratos empresariais e em todo desenvolvimento das atividades necessárias ao funcionamento do mercado, ao lado da autonomia privada que é o princípio basilar que norteia os negócios entre empresários e comerciantes.

Dessa forma, a doutrina e a jurisprudência brasileira só admitem a utilização da cláusula de não concorrência quando se coadunarem com certos requisitos de validade, ou seja, for limitada no tempo, no espaço e materialmente, não sendo essas as únicas limitações que a cláusula pode sofrer em face de outras legislações específicas do direito societário que possam incidir sobre a celebração de tal cláusula contratual.

Por outro lado, o fato de inexistir previsão legal para a utilização da cláusula nas relações entre sócios e administradores, não invalida, assim, tal acordo entre a sociedade e/ou sócios e acionistas posto que a possibilidade de celebração de acordo é decorrente do princípio da autonomia privada.

Nesse contexto, os antigos administradores precisariam celebrar tal contrato a fim de que estivessem obrigados a não concorrer no período posterior ao exercício de suas funções, por inexistir um período de quarentena após o término do mandato do administrador, para esse período obrigação legal de não concorrência desses agentes decorrentes da legislação.

4.9 Requisitos de validade de não concorrência do art. 1147 do código civil aplicados analogicamente a outros contratos

Como já exposto, sendo restrição de liberdade da parte contratante, a qual assume uma obrigação negativa de não atuar ou concorrer em determinada área e por determinado período, a doutrina e a jurisprudência

[416] FORGIONI, Paula; GRAU, Eros. *O Estado, a Empresa e o Contrato*. São Paulo: Malheiros, 2005. p. 291.

exigem o cumprimento de certos requisitos de validade para que a cláusula esteja em consonância com os princípios constitucionais da livre-iniciativa e livre concorrência.

Assim, têm-se utilizado os parâmetros estabelecidos pelo art. 1147 do Código Civil para resolver litígios societários envolvendo a cláusula. Dessa forma, as restrições à concorrência serão válidas se cumprirem seus requisitos, não eliminando a concorrência por completo.[417]

Tais limitações se dão em alguns aspectos como limitações de abrangência geográfica, limitações temporais, materiais, entre outras.

4.9.1 Limitação de ordem temporal

No que concerne a limitação de ordem temporal, não se pode estipular uma cláusula de *non compete* indefinidamente. Como já mencionado, por tratar-se de renúncia a princípios constitucionais econômicos, a livre-iniciativa e a livre concorrência, devem ser estabelecidas um prazo, indicando-se o dia do início e final de sua vigência, podendo de ser considerada nula, por violar direito fundamental contido na Constituição Federal, consistindo a limitação temporal em um requisito necessário à validade e eficácia da cláusula.[418]

Cabe pontuar que alguns autores entendem que a falta de limitação do prazo pode ser sanada pelo juiz ou árbitro, os quais determinam um termo final e assim ela continuar plenamente válida.[419]

Ainda no que se refere ao limite temporal, conforme já mencionado, no caso de trespasse do estabelecimento comercial, o Código Civil de 2002, no mencionado artigo 1147, estabeleceu um limite de cinco anos para a não concorrência, podendo haver estipulação diversa em

---

[417] "A cláusula de não restabelecimento que vede a exploração de qualquer atividade econômica, ou não estipule restrições temporais ou territoriais ao impedimento, é inválida" (COELHO, Fábio Ulhoa. *Curso de Direito Comercial*: Direito da empresa. 18. ed. São Paulo: Saraiva, 2014. v. 1. p. 191).

[418] "6. São válidas as cláusulas contratuais de não concorrência, desde que limitadas espacial e temporalmente, porquanto adequadas à proteção da concorrência e dos efeitos danosos decorrentes de potencial desvio de clientela — valores jurídicos reconhecidos constitucionalmente.7. Recurso Especial Provido" (Edcl no Recurso Especial nº1.203.109 -MG (2010/0127767-0) Rel. Min. Marco Aurélio Belizze).

[419] "A falta de definição de prazo não invalida a cláusula, podendo ser sanada a ilegalidade com medida proporcional, e que respeita a essência da vontade das partes: a fixação pelo juiz ou árbitro de um termo para obrigação, que é preservada por tal decisão" (CAMILO JÚNIOR, Ruy Pereira. Cláusulas de não competição nas alienações societárias. *In:* ADAMEK, Marcelo Vieira von; PEREIRA, Rafael Setoguti Julio (coord.). *Fusões e Aquisições (M&A)*. São Paulo: Quartier Latin, 2022. p. 903).

caso de outro prazo acordado pelas partes no contrato, contanto que não ultrapasse este prazo. Esse prazo de cinco anos foi estabelecido em decorrência da prática dos comerciantes de séculos atrás, entendimento que foi consolidado em vários países e foi considerado um prazo suficiente para que o novo adquirente tenha gerado uma dinâmica própria a vida do estabelecimento, tendo criado autonomia em relação à clientela na pessoa de seu titular.

Caso não haja a fixação de um prazo quando da pactuação da cláusula, que delimite o tempo de vigência da não competição, a restrição passará a ter prazo indeterminado, o que não é aceito pela doutrina, tampouco jurisprudência e, nesse caso, pode a parte prejudicada, ao invés de pleitear a anulação da cláusula em face da restrição indefinida, pleitear medida judicial que fixe um prazo compatível com a necessidade de duração da restrição à concorrência.[420]

Importante mencionar que, nas hipóteses de pactuação desta cláusula em contratos do âmbito societário, não existe limitação temporal fixada pela legislação, como no caso do trespasse do estabelecimento, razão pela qual vigora o que for pactuado no contrato celebrado. Tal interpretação, no entanto, deve ser rechaçada por importar interpretação extensiva, o que não deve ser admitido quando se trata de restrições à princípios constitucionais, conforme se esclarecerá adiante.

4.9.2 Limitação de ordem geográfica

Ainda tratando dos requisitos de validade de cláusula, não se pode estabelecer uma cláusula de *non compete* sem a delimitação do âmbito geográfico da proibição da concorrência, ou seja, a limitação espacial se faz necessária de modo que a restrição à concorrência fique circunscrita a uma área ou região determinada. Nesse contexto, importante que a abrangência geográfica da cláusula se dê naquela área correspondente ao local onde a atividade da empresa, sociedade seja desempenhada. É na área que a sociedade desempenha suas atividades que pode haver de forma concreta uma competição.

---

[420] "A falta de definição do prazo não invalida a cláusula, podendo ser sanada a ilegalidade com medida proporcional, e que respeita a essência da vontade das partes: a fixação pelo juiz ou árbitro de um termo para obrigação, que é preservada por tal decisão. Para tanto poderão eles se inspirarem nos prazos costumeiramente adotados naquele tipo de operação e naquele setor econômico, integrando a lacuna do contrato quanto a sua duração pela referência à prática contratual e aos usos e costumes" (CAMILO JÚNIOR, Ruy Pereira. Cláusulas de não competição nas alienações societárias. *In:* ADAMEK, Marcelo Vieira von; PEREIRA, Rafael Setoguti Julio (coord.). *Fusões e Aquisições (M&A)*. São Paulo: Quartier Latin, 2022. p. 904).

Caso esta área não esteja delimitada no contrato, ou caso o contrato estabeleça como âmbito geográfico da não competição uma área diferente da que a empresa realiza suas atividades, serão consideradas inválidas tais estipulações contratuais. Assim, o contrato que pactuou a interdição da concorrência deve ter como área de abrangência o local onde a sociedade atua e onde estão os seus clientes, não tendo o menor sentido se estabelecer uma obrigação de não concorrer em locais totalmente distintos de onde a empresa ou o estabelecimento exercia suas atividades.

4.9.3 Limitação de ordem material

Tratando ainda de elementos conceituais e limitativos da cláusula de não competição, é essencial a limitação material da cláusula, ou seja, a delimitação do objeto exato da restrição da concorrência, ou seja, delimitar a atividade que a parte deverá abster-se de realizar, que está proibida de concorrer. O ideal é que haja uma vedação clara, na mesma atividade objeto da alienação ocorrida.

Sabe-se que, na maioria dos contratos sociais das empresas, existe um leque de atividades que são por elas desempenhadas e algumas, na prática, não são desempenhadas, mas constam do contrato social por medida de precaução, caso resolvam empreender nesse tipo de atividade. Não existe nenhum sentido em restringir à competição para as atividades que na prática não são exercidas pela sociedade.

Assim, especificar o âmbito da interdição da concorrência é essencial, ou seja, estende-se a todas as atividades que fazem parte do objeto social da sociedade, em outras palavras, no âmbito das atividades que realmente são exercidas pela sociedade,[421] pois, caso não fique claro no contrato, poderá haver problemas quando ocorrer o descumprimento do estabelecido na cláusula para aplicação das penalidades.[422]

---

[421] "El ámbito material de la prohibición debe circunscribirse a las actividades efectivamente desarrolladas por la sociedad en el mercado pues són estas las que delimitan el elemento objetivo del mercado relevante que junto con el geográfico y el temporal han de permitir determinar el carácter competitivo de la actividad por el administrador bien por cuenta propia o bien por cuenta ajena" (LLEBOT MAJO, Josep Oriol. *Los Deberes de Los Administradores de La Sociedad Anonima*. 1. ed. Madrid: Civitas, 1996. p. 123).

[422] "Vão se desfazendo as dúvidas que a legitimidade do pacto de não restabelecimento provoca. Ela é legítima, mas desde que limitada. Em primeiro lugar, quanto ao seu objeto. Não seria válido, se de excessiva generalidade. Assim, se proibisse ao vendedor o exercício do comércio ou indústria em geral, indeterminadamente. Em segundo lugar, há de confinar-se no tempo e no espaço. E quanto ao gênero de negócio" (FERREIRA, Waldemar. *Tratado de Direito Comercial:* o estatuto do estabelecimento e a empresa mercantil. São Paulo: Saraiva, 1962. v. VII. p. 373).

Assim, é preciso que se demonstre que a concorrência que pode ser realizada pelo ex-administrador, por meio do exercício de determinada atividade, possa realmente causar um prejuízo efetivo à sociedade protegida, por sua atuação.

No mesmo sentido, é importante estabelecer, no caso de sociedades se a estipulação da cláusula de não competição se aplica só a controladora ou se estende-se as sociedades coligadas, na hipótese de celebrações em contratos de sociedades.

Ainda, é importante se perquirir se a cláusula de concorrência foi pactuada num contexto em que realmente os negócios se relacionem e possa haver concorrência, pois seria ilegal e até inconstitucional restringi-la de forma genérica.[423]

Essa questão da limitação material da restrição da concorrência pressupõe, assim, que a atividade objeto da restrição seja a mesma que a parte tenha interesse em proteger a clientela, não tendo sentido se restringir um leque de atividades, as quais, a parte nem exerce e portanto, não há competitividade entre as partes.[424]

Na perspectiva da sociedade, seriam as matérias que dizem respeito ao objeto de suas atividades e sob as quais poderia haver dita concorrência, não sendo válidos contratos com cláusula genérica, os quais geram insegurança jurídica no mercado o que deve ser evitado no ambiente negocial.

Por fim, importante enfatizar que a obrigação de não concorrência não vai acarretar a saída completa daquele agente do mercado, ou seja, sua saída definitiva, mas apenas limitar a sua atuação perante a clientela de onde atuou como antigo administrador ou controlador, durante certo lapso temporal.

Nesse contexto, diante do conhecimento e das informações privilegiadas que tais tipos de agentes dispõem da empresa, a vedação à concorrência, mediante a celebração da cláusula, tem ainda um caráter

---

[423] "Devemos ter em mente a concorrência como fenômeno que se verifica quando, no mínimo, duas pessoas estão dispostas a trocar, comprar ou vender a terceiro o mesmo bem, ou bens intercambiáveis. Temos concorrência sempre que dois ou mais agentes econômicos competem pela mesma oportunidade de troca" (FORGIONI, Paula A. *Os fundamentos do Antitruste*. 8. ed. São Paulo: Revista dos Tribunais, 2015. p. 34).

[424] "De acordo com essa baliza, a vedação à concorrência deve voltar-se tão somente na direção das atividades já desempenhadas na sociedade, ou a serem por elas desempenhadas, na forma do seu objeto social, não sendo factível atingir outras atividades e muito menos toda e qualquer atividade" (CAMPINHO, Sérgio; PINTO, Mariana. Breves Notas sobre a cláusula de não concorrência no contexto da alienação de participações societárias. *In:* ADAMEK, Marcelo Vieira von; PEREIRA, Rafael Setoguti Julio (coord.). *Fusões e Aquisições (M&A)*. São Paulo: Quartier Latin, 2022. p. 931–950).

preventivo, de proteger à sociedade do uso das informações privilegiadas, as quais podem ser usadas por um ex-administrador para praticar concorrência com a sociedade.[425]

Sendo assim, pode-se dizer, sob outro aspecto, que a cláusula de não competição se trata de mecanismo de proteção e de segurança entre os que celebraram um acordo, a fim de se assegurar que não se utilizará as informações e o *know-how* adquiridos para concorrer com o negócio, garantindo-se, entre outros, a própria clientela.

Dessa forma, tais limitações se aplicam da mesma forma ao pacto com eficácia pós-gestão do ex-administrador da sociedade, devendo conter as limitações temporais, geográficas e materiais para que sejam consideradas válidas.

4.10 Da compensação financeira pela celebração da cláusula

Uma das questões importantes com relação à celebração da cláusula de não concorrência com ex-administradores diz respeito à obrigação de compensar financeiramente a parte que está vedada de concorrer em face das restrições impostas.

Como já mencionado, a cláusula de não concorrência pode ser celebrada em diversos tipos de contratos. É comum sua celebração nos contratos de trabalho para impedir que um funcionário que conhece a empresa e sua clientela, quando do término de seu contrato, passe a concorrer com a empresa.

No caso do administrador não sócio, existem vários casos trazidos à apreciação do Judiciário em que tal compensação financeira foi confirmada como devida. No entanto, é praticamente pacífico na doutrina que, diante da intensidade de tamanha restrição que o agente irá sofrer, deve ele ter uma compensação financeira para tal restrição.

Paula Forgioni, ao tratar da cláusula de não concorrência nas alienações de ações, trata da remuneração que dever ser paga pela restrição, explicando que:

> A proibição de restabelecimento é uma forte limitação ao direito do alienante de empreender, restringindo-lhes ganhos futuros ou até

---

[425] "Primeiramente, salienta-se que o administrador tem amplo acesso às informações da companhia: é, pois, extremamente fácil utilizar-se daquilo que é sigiloso para se beneficiar, ainda mais quando do exercício da concorrência" (SPINELLI, Luis Felipe. *Conflito de Interesses na Administração da Sociedade Anônima*. 1. ed. São Paulo: Malheiros, 2012. p. 169).

mesmo sua liberdade de exercer profissão remunerada. No processo de barganha das alienações empresariais, paga-se um preço pela não concorrência, muitas vezes incluído no valor das próprias ações.[426]

Além disso, alguns juristas entendem que a compensação financeira é essencial para que a restrição seja considerada dentro dos parâmetros da proporcionalidade e da ordem pública,[427] em face da tamanha restrição, inclusive a uma garantia constitucional.

A questão da limitação remuneratória no âmbito da justiça do trabalho é absolutamente pacífica. Assim, ao celebrar uma cláusula de não concorrência no contrato de trabalho sempre deve haver uma contraprestação pecuniária compatível pela não concorrência, no período de vigência em que a cláusula foi convencionada, sob pena de se considerar inválida a cláusula por ausência de remuneração.

Tal obrigatoriedade se justifica ainda mais em face da restrição ao princípio constitucional do livre exercício do trabalho disposto no art. 5º, inciso XIII, da Constituição Federal. Assim, nos contratos de trabalho em que se pactue a cláusula de não concorrência, é essencial que se estabeleça a compensação financeira pela restrição assumida.

Nos contratos de natureza societária a prática demonstra que se remunera pela restrição assumida pelo agente. Diante da aplicação do princípio da proporcionalidade, não tem a menor lógica que um antigo administrador ou controlador sofra uma restrição de tamanha intensidade sem ser compensado economicamente para tanto.

Todavia, não há um parâmetro definido no direito brasileiro para tal compensação. Geralmente predomina o que foi pactuado no contrato e nos casos em que houver impasse, será feita uma análise considerando sempre o princípio da proporcionalidade e razoabilidade.

Por outro lado, o Prof. Ruy Camilo esclarece que "[n]os negócios societários, o custo representado pela obrigação de não concorrer é incluído no preço avençado, e a cláusula de *non compete* é eficiente porque

---

426 FORGIONI, Paula A. *Contratos Empresariais:* Teoria Geral e Aplicação. 4. ed. São Paulo: Revista dos Tribunais, 2019b. p. 291.

427 "Ora, salvo melhor opinião, o pacto de não concorrência 'pós-mandato' apenas será conforme à ordem pública caso seja estipulada uma compensação a favor do administrador. Aliás, a não ser assim, o pacto de não concorrência mostrar-se-ia desproporcional e desequilibrado, já que daria lugar à limitação de um direito fundamental sem que houvesse qualquer contraprestação que contrabalançasse essa restrição criada na esfera jurídica do administrador" (ALVES, Daniel Bento; SQUILACCE, Adriano. A obrigação de não concorrência dos Administradores com eficácia pós-mandato: contornos e limites. *Actualidad Jurídica Uría Menéndez*, [*s. l.*], n. 30, p. 116–126, 2011).

o vendedor recebe o prêmio a ela correspondente".[428] Quando se trata de relações de natureza societária, as relações entre os agentes são de natureza contratual, nas quais predomina a autonomia da vontade e o que prevalece é o que foi acordado; no entanto deve se observar os princípios da razoabilidade e proporcionalidade.

Dessa forma, essa questão da compensação financeira pela restrição sofrida deverá ser analisada casuisticamente, para ver a intensidade da restrição pactuada e a razoabilidade da compensação financeira pactuada. Quanto ao momento do pagamento da compensação, nada impede que esse pagamento seja gradual, mas deverá sempre se respeitar o que ficou acordado no contrato.

No tocante ao valor da compensação financeira que deve ser paga ao ex-administrador, não há um padrão fixado nem na doutrina, nem na jurisprudência, neste ponto, o entendimento predominante é no sentido de que as partes têm liberdade para contratar o que entenderem; todavia, esse valor deve ser proporcional à intensidade da restrição que será imposta ao ex-administrador. Deve-se ter cuidado para que tal compensação não seja irrisória.[429]

4.10.1 Utilização da Cláusula de Não Concorrência em Outros Ramos do Direito: Direito do Trabalho e Antitruste

A cláusula de não concorrência tem interface tanto no direito antitruste, quanto no direito do trabalho.

No direito antitruste, em face de as restrições à concorrência atingirem não só as partes envolvidas, haja vista que uma restrição exacerbada à concorrência pode ter consequências extremamente danosas ao mercado, entra no âmbito de regulação do CADE (Conselho Administrativo de Defesa Econômica) a análise de uma situação que possa configurar uma restrição desproporcional à concorrência, bem como situação em que a pactuação da cláusula pode acarretar infração à ordem econômica, nos termos do §1º do art. 36 da Lei 12.529/2011.

---

[428] CAMILO JÚNIOR, Ruy Pereira. Cláusulas de não competição nas alienações societárias. *In:* ADAMEK, Marcelo Vieira von; PEREIRA, Rafael Setoguti Julio (coord.). *Fusões e Aquisições (M&A)*. São Paulo: Quartier Latin, 2022. p. 899.

[429] "Em todo caso, deve sempre zelar-se para que a compensação não se revele irrisória face à limitação a que o administrador está sujeito" (ALVES, Daniel Bento; SQUILACCE, Adriano. A obrigação de não concorrência dos Administradores com eficácia pós-mandato: contornos e limites. *Actualidad Jurídica Uría Menéndez*, [s. l.], n. 30, p. 116–126, 2011).

Da mesma forma, no direito empresarial, é bastante comum que os contratos que estabelecem as regras dos atos de concentração, por exemplo fusão, aquisição, entre outros, contenham a cláusula de não concorrência.

Por outro lado, por entender que a cláusula tem certa utilidade para o mercado e com o intuito de se estabelecer um equilíbrio entre a livre concorrência e a autonomia da vontade, o CADE estabeleceu parâmetros de utilização da cláusula, para que, cumpridos esses requisitos, tal utilização não importe em infração à ordem econômica.

Dessa forma, os limites temporais, espaciais e geográficos são pressupostos necessários para a validade dessa cláusula. Assim, o CADE editou a Súmula nº 5 que dispõe que: "É lícita a estipulação de cláusula de não concorrência com prazo de até cinco anos da alienação de estabelecimento, desde que vinculada à proteção do fundo de comércio".[430] Tal prazo é um parâmetro fixado, mas pode ser reduzido ou ampliado dependendo da necessidade do caso concreto.

A limitação espacial diz respeito à área geográfica delimitada pelo mercado relevante do negócio. E no tocante ao limite material da cláusula, o CADE na *Joint venture* editou a súmula nº 4 que estabelece que: "É lícita a estipulação de cláusula de não-concorrência na vigência de *Joint venture*, desde que guarde relação direta com o seu objeto e que fique restrita aos mercados de atuação".

Assim, esses são os parâmetros, definidos pelo CADE, os quais comportam exceções, para que a estipulação de uma cláusula de não concorrência não se configure uma infração à ordem econômica, por restrição indevida da concorrência, nos termos anteriormente citados.

A cláusula de não concorrência também é bastante utilizada nas relações de trabalho, podendo ser pactuada para o momento posterior ao término da relação, isto porque, no decorrer da relação de emprego, é pacífico que o empregado não pode concorrer com a empresa que é sua contratante, independentemente da existência de qualquer cláusula contratual a respeito.

Existe dispositivo expresso na Consolidação das Leis do trabalho que prevê que exercer concorrência enquanto mantida a relação de emprego é um dos requisitos para a rescisão por justa causa do contrato de trabalho,[431] nos termos do art. 482, c, da CLT.

---

430 BRASIL. Conselho Administrativo de Defesa Econômica. Súmula nº 5, de 9 de dezembro de 2009. É lícita a estipulação de cláusula de não-concorrência com prazo de até cinco anos da alienação de estabelecimento, desde que vinculada à proteção do fundo de comércio. *Diário Oficial da União*: seção 1, Brasília, DF, n. 238, p. 51, 14 dez. 2009.

431 "A segunda espécie de infidelidade que está prevista expressamente pela nossa lei, é a negociação habitual por conta própria ou alheia sem permissão do empregador e

Já para vigorar em momento posterior ao contrato, discute-se na Justiça do Trabalho a possibilidade de utilização da cláusula de não concorrência nos contratos de trabalho, tendo a Jurisprudência se consolidado no sentido de que é admitida, desde que se observem as limitações espaciais, temporais, seja escolha do empregado e que este seja devidamente remunerado por assumir tal obrigação.

Importante para o tema essa discussão, pois, como o art. 140, §1º, da Lei 6.404/76 admite a participação no conselho de representantes dos empregados da companhia, é necessário se entender como se dá essa relação no que pertence à cláusula de não concorrência.

O empregado que está exercendo função de conselheiro receberá informações da companhia, terá conhecimento de estratégias da sociedade, estendendo-se a esse empregado os deveres típicos dos gestores das companhias, entre eles, o dever de lealdade, previsto no art. 155 da Lei das Sociedades Anônimas.[432]

Após o período da gestão, ou seja, cessado o mandato de administrador e tendo ele extinto o seu contrato de trabalho, o ex-empregado volta a ser livre para concorrer no mercado e aí poderia surgir para a sociedade a necessidade de uma cláusula de não concorrência para que a companhia possa se precaver de uma concorrência indesejada por parte do ex-administrador.

Nesse caso, a Justiça do Trabalho tem se pronunciado de forma reiterada no sentido de que a cláusula de não concorrência será considerada válida se forem respeitadas as limitações espaciais e geográficas e se houver compensação financeira proporcional à restrição imposta.[433]

Recentemente nos Estados Unidos, no dia 23 de abril de 2024, a cláusula de não concorrência, no que concerne aos trabalhadores foi considerada um método desleal de competição pela FTC — *Federal Trade Comission*.[434]

---

quando constitui ato de concorrência à empresa para o qual trabalha o empregado, ou for prejudicial ao serviço [...]" (GOMES, Orlando; GOTTSCHALK, Edson. *Curso de Direito do Trabalho*. Rio de Janeiro: Forense, 1997. p. 287).

432 "Assim, o dever de lealdade típico dos administradores e previsto no art. 155 da Lei das Sociedades Anônimas, estender-se-á automaticamente ao empregado eleito para o Conselho de Administração" (GOLDFARB, Cibelle Linero. *Cláusulas Contratuais:* confidencialidade e não concorrência nos contratos de trabalho. Curitiba: Juruá, 2015. p. 48).

433 A 2ª Turma do Tribunal Superior do Trabalho, nos autos do processo nº 1002437-53.2015.5.02.0466 (TST Ag Arr) considerou válida cláusula que fora pactuada por administrador de sociedade, que a pactuou de forma consentida, com as devidas limitações geográficas e temporais e ainda com pagamento de valor em face da restrição (BRASIL. Tribunal Superior do Trabalho (2ª Turma). *Agravo de instrumento Ag Arr nº 1002437-53.2015.5.02.0466*. Rel. José Roberto Freire Pimenta. Julgado em: 9 jun. 2021).

434 ATHAYDE, Amanda; PEYNEAU, André Cúrcio; GUIDI, Maurício Fróes. O que a regra que bane a não concorrência com trabalhadores nos Estados Unidos pode sinalizar para as empresas no Brasil. *Migalhas*, [*s. l.*], 3 maio 2024.

Amanda Athayde, Peyneau e Guidi que escreveram artigo recente tratando do tema mencionaram que "a FTC alegam que as cláusulas de não concorrência afetam 30 milhões de trabalhadores, o que corresponde a 20% da força de trabalho norte-americana".[435]

Diante dessa decisão, espera-se que o número de empregos e até de empresas aumente consideravelmente nos Estados Unidos. Importante ressaltar que tal regra estabeleceu a exceção para executivos *seniors*, ou seja, com uma remuneração maior e com um poder de gestão dentro das companhias. Assim, para esses tipos de executivos, a estipulação da cláusula pode continuar a ser pactuada.

Para Eric Posner, essa norma, criada pela FTC tomou como base muitas "evidências empíricas" de que a cláusula de não concorrência não prejudicaria apenas os trabalhadores, mas a inovação, os consumidores e a mobilidade de funcionários.[436]

Cabe ressaltar que, apesar da referida norma, a câmara de comércio americana entrou na justiça questionando o ato. As empresas alegam que necessitam da cláusula para impedir que os empregados roubem informações delas; além disso, as cláusulas de concorrência protegem os investimentos em capacitação.[437]

O fato é que o próprio autor admite que boa parte do problema se deve pela utilização abusiva da cláusula pelas empresas no que concerne a seus trabalhadores.[438]

Importante frisar que a utilização da cláusula de não concorrência sobre o enfoque dos empregados comuns da empresa difere da sua utilização que se refere aos administradores das companhias. Isto porque tais administradores, em grande parte, são executivos, sem qualquer vulnerabilidade, o que se diferencia dos empregados, os quais têm acesso às estratégias, informações privilegiadas da sociedade, relação direta com a clientela da empresa, havendo, sim, uma função essencial nas grandes companhias de resguardar as estratégias, informações

---

[435] ATHAYDE, Amanda; PEYNEAU, André Cúrcio; GUIDI, Maurício Fróes. O que a regra que bane a não concorrência com trabalhadores nos Estados Unidos pode sinalizar para as empresas no Brasil. *Migalhas*, [s. l.], 3 maio 2024.

[436] POSNER, Eric. Pelo fim das cláusulas de não concorrência. *Valor Econômico*, [s. l.], 7 maio 2024.

[437] POSNER, Eric. Pelo fim das cláusulas de não concorrência. *Valor Econômico*, [s. l.], 7 maio 2024.

[438] "Nenhum desses problemas seria grande coisa se as não concorrências fossem usadas de modo responsável. Mas não são. Como as empresas, pela lei existente, não tem punição alguma por usarem não concorrência excessivamente amplas, elas as têm imposto aos funcionários com entusiasmo" (POSNER, Eric. Pelo fim das cláusulas de não concorrência. *Valor Econômico*, [s. l.], 7 maio 2024).

relevantes, além de proteger a clientela do negócio, afastando esses executivos de uma concorrência com a companhia que eles conhecem de forma aprofundada.

CONCLUSÃO

O presente trabalho teve a finalidade de aprofundar o estudo do tema da não concorrência do administrador das sociedades anônimas de uma forma bastante abrangente, trazendo-se para análise e discussão, a maioria das questões relevantes acerca deste dever, sendo certo que o tema tem despertado interesse e discussões recentes, tanto no Brasil quanto em outros países, as quais foram citados no decorrer do trabalho.

Inicialmente, foi apresentada toda a parte de estruturação das companhias, em conformidade com o estabelecido na Lei das Sociedades Anônimas. Procurou-se ainda, no decorrer dos capítulos iniciais, demonstrar a natureza da relação fiduciária existente entre o administrador e a sociedade, em que a confiança é o elemento preponderante dessa relação, tendo sido o ponto de partida para toda construção e ingerência que o administrador tem no patrimônio social.

Tal premissa leva a concluir que, ao se nomear um administrador, a sociedade espera que este desempenhe uma gestão responsável, diligente e coloque sempre o interesse social como foco de sua atuação.

Em decorrência dessa relação e dos poderes de ingerência sobre o patrimônio social, ficou clara a necessidade de se estabelecer limitações a tais poderes, posto que, mesmo diante de todas as cautelas, há a possibilidade de comportamentos oportunistas, já que é impossível se prever e controlar todo o leque de atividades que o administrador pode desempenhar no decorrer da gestão social.

Nesse particular, é evidente a influência decisiva do direito anglo-saxônico, especificamente do *trust* inglês e ainda do direito norte-americano, que já discute essa questão de deveres há bastante tempo.

O presente estudo procurou analisar ainda a importância da fixação dos deveres dos administradores como forma de limitação aos amplos poderes que estes desempenham na condução dos negócios da sociedade. Assim, foi objeto do presente estudo o rol dos deveres estabelecidos na Lei das Sociedades Anônimas, enumerados em seus artigos 153 a 157 da Lei das S.A., com foco no dever de lealdade do administrador. Sendo certo que a Lei estabeleceu diversos padrões de conduta que devem ser seguidos pelo administrador, e esse rol de deveres existentes é meramente exemplificativo, em face da total imprevisibilidade de todas as atividades que podem ser praticadas pelo administrador.

Após essa visão geral sobre os deveres do administrador, tratou-se especificamente do estudo do dever de lealdade, que é a base jurídica para a imposição do dever de não concorrência do administrador frente à sociedade na legislação brasileira. Nesse capítulo, demonstrou-se que o administrador tem o dever de agir de forma leal perante a sociedade, o que significa agir sempre de boa-fé, abstendo-se de praticar condutas que conflitem com os interesses sociais, entre as quais, a de efetivar concorrência com a sociedade.

Em seguida foi trazido, no decorrer do estudo, que o dever de lealdade está previsto na quase totalidade dos países, como dever do administrador da sociedade, tendo sido pacificado o entendimento de que o dever de lealdade existe em todos os tipos de sociedade. Nesse particular, é evidente a influência decisiva do direito alemão, que foi o primeiro país a reconhecer a existência do dever de lealdade nas relações societárias.

Após discorrer sobre toda a base teórica do dever de lealdade, o estudo trata do dever de não concorrência do administrador, que se dá durante o período em que o administrador está exercendo a gestão. Assim, apesar de a legislação das sociedades anônimas, Lei 6.404/76, não conter dispositivo específico que vede a concorrência do gestor, esta dever existe em decorrência da incidência do dever de lealdade, previsto no art. 155 da Lei das Sociedades Anônimas.

Por outro lado, o art. 147, §3º, estabelece em seus incisos I e II que não pode fazer parte do Conselho pessoa que ocupe cargos de gestão em companhias concorrentes, nem que tenha interesses conflitantes com a companhia, estando pacificado que o dispositivo se aplica aos administradores em geral, incluindo os diretores das companhias.

Ainda nesse capítulo, verificou-se quais os atos de que efetivamente o gestor deve se abster de praticar e de quais o administrador deve se abster para com a sociedade, este não pode, nem direta, nem indiretamente, praticar atividades que se identificam com o objeto social da companhia; além disso, ele não pode exercer tais atividade em companhia que atue no mesmo mercado que a companhia que ele administra. Sendo certo que, em caso de suposta violação desse dever, a questão da identidade da atividade exercida deverá ser apurada no caso concreto.

No estudo, ainda foi realizada análise de direito comparado acerca do dever de não concorrência do administrador nos diversos países, tendo sido verificada a existência de dispositivos expressos sobre o dever de não concorrência do administrador em diversos países da Europa, diferentemente do Brasil, onde esse direito decorre da ingerência do dever de lealdade sobre os administradores.

Uma questão preponderante neste estudo, tratada nesse capítulo, diz respeito à duração do dever de não concorrência do administrador. Nesse contexto, foi demonstrado que, sendo a livre concorrência um princípio constitucional estabelecido no art. 170 da Constituição Federal, a regra geral é a de que todos estão livres para concorrer no mercado, o que só não prevalece em face de dispositivo legal, ou da celebração de contrato que estabeleça este dever.

Desse modo, sendo o dever de não concorrência decorrente da incidência do dever de lealdade do gestor, este só perdura enquanto, segundo a legislação, o dever de lealdade persistir, e como com o término da gestão o dever de lealdade se extingue, consequentemente, se não houver pactuação, a não concorrência se extinguirá da mesma forma.

Não existe na legislação brasileira qualquer previsão legal que estenda o dever de lealdade, na modalidade do dever de não concorrer para o período pós-gestão.

Desta conclusão, retirou-se a questão central objeto do estudo deste trabalho, que foi a de saber se o dever de não concorrência cessaria imediatamente quando do término da função do administrador, ou se haveria para o administrador alguma obrigação implícita de não concorrência, decorrente da boa-fé, ou mesmo, do dever de lealdade no período pós-gestão.

Da leitura da doutrina e perfazendo uma análise crítico-científica da legislação sobre o tema, verifica-se que o dever de lealdade do administrador se extingue com o término da gestão; no que concerne à não concorrência, com mais intensidade, em razão da livre concorrência ser um princípio constitucional, consagrado no art. 170 da Constituição Federal, a qual estabelece a possibilidade dada a qualquer pessoa de explorar atividade econômica, pode concorrer no mercado.

De tal forma, não é possível restringir esse direito ilimitadamente, sob pena de se estar violando a Constituição Federal.

Não existe obrigação implícita de não concorrência no período pós-gestão. A não concorrência ou é prevista por lei como obrigação legal, ou se pode pactuar, mediante a celebração de contrato, no exercício da autonomia da vontade das partes, não se podendo criar implicitamente um dever de não concorrência, nem mediante a aplicação do princípio da boa-fé objetiva, sem que seja estabelecido pelas formas já mencionadas.

Assim, no último capítulo se traz a possibilidade de, no exercício da autonomia da vontade e da liberdade de contratar do ex-administrador, celebrar uma cláusula de não concorrência com vigência a partir do término do mandato, ou seja, com eficácia pós-mandato. Tal celebração não pode ser feita de forma aleatória. Está sujeita a limitações temporais, geográficas e materiais, estabelecidas pela doutrina e jurisprudência, tratadas neste estudo.

É importante ainda ressaltar que essa não concorrência deve ser remunerada, ou seja, que exista uma compensação financeira compatível à restrição, posto que se está se retirando aquele agente do mercado, paga-se um preço por isso.

No tocante a tais requisitos de validade, observa-se que a jurisprudência tem estabelecido, como limites temporal e geográfico, aqueles fixados para a não concorrência no caso do trespasse do estabelecimento comercial. No entanto, no tocante ao prazo e à limitação geográfica, estas podem se modificar mediante contrato, ampliando ou restringindo tais limites, desde que seja proporcional e compatível com a natureza no negócio celebrado.

REFERÊNCIAS

ABREU, Jorge Manuel Coutinho. *Curso de Direito Comercial*. Coimbra: Almedina, 2003.

ADAMEK, Marcelo Vieira von. *Abuso de Minoria em Direito Societário*. São Paulo: Malheiros, 2014.

ADAMEK, Marcelo Vieira von. *Responsabilidade dos Administradores de S/A e as ações correlatas*. 1. ed. São Paulo: Saraiva, 2009.

ALMEIDA, António Pereira de. *Sociedades comerciais e valores mobiliários, instrumentos financeiros e mercados*. 1. ed. Coimbra: Almedina, 2022. v. 1.

ALVES, Daniel Bento; SQUILACCE, Adriano. A obrigação de não concorrência dos Administradores com eficácia pós-mandato: contornos e limites. *Actualidad Jurídica Uría Menéndez*, [s. l.], n. 30, p. 116–126, 2011.

AMARAL, José Romeu Garcia do. *Dever de Lealdade dos Acionistas nas Sociedades Anônimas*. 2020. Tese (Doutorado em Direito) – Faculdade de Direito, Universidade de São Paulo, São Paulo, 2020.

ARAGÃO, Paulo Cezar. A disciplina do Acordo de Acionistas na reforma da lei das sociedades por ações: Lei 10.303/2001. *In:* LOBO, Jorge (coord.). *Reforma da Lei de Sociedades Anônimas:* Inovações e questões controvertidas da Lei 10.303 de 31.10.2001. Rio de Janeiro: Forense, 2002. p. 367–384.

ARAGÃO, Paulo Cézar. Apontamentos sobre desvios no exercício no Direito de voto: abuso de Direito, benefício particular e conflito de interesses. *In:* CASTRO, Rodrigo R. Monteiro; WARDE JÚNIOR, Walfrido Jorge; GUERREIRO, Carolina Dias Tavares (coord.). *Direito Empresarial e outros estudos de Direito em homenagem ao Professor José Alexandre Tavares Guerreiro*. São Paulo: Quartier Latin, 2013. p. 183–214.

ASCARELLI, Tullio. *Teoria della concorrenza e dei beni immateriali*. Milano: Giuffrè, 1956.

ASCARELLI, Tullio. *Problemas das Sociedades Anônimas e Direito Comparado*. 1. ed. São Paulo: Quórum, 2008.

ATHAYDE, Amanda; PEYNEAU, André Cúrcio; GUIDI, Maurício Fróes. O que a regra que bane a não concorrência com trabalhadores nos Estados Unidos pode sinalizar para as empresas no Brasil. *Migalhas*, [s. l.], 3 maio 2024. Disponível em: https://www.migalhas.com.br/depeso/406495/o-que-regra-que-bane-clausula-de-nao-concorrencia-sinaliza-no-brasil. Acesso em: 1 jun. 2024.

BAINBRIDGE, Stephen M. *Corporation Law and Economics*. New York: West Group, 2002.

BARRETO FILHO, Oscar. *Teoria do Estabelecimento Comercial*. São Paulo: Max Limonad, 1969.

BERLE, Adolf A.; MEANS, Gardiner C. *The Modern Corporation & Private Property*. 7. ed. New Brunswick: Transation Publisher, 2005.

BONELLI, Franco. *Gli Amministratori di S.p.a. Dopo La riforma delle Società*. Milão: Giuffrè, 2004.

BORBA, Gustavo Tavares. *Conflito de interesses no ambiente societário*. São Paulo: Quartier Latin, 2023.

BRASIL. [Constituição (1988)]. *Constituição de República Federativa do Brasil*. Brasília, DF: Presidência da República, 1988. Disponível em: https://www.planalto.gov.br/ccivil_03/constituicao/constituicao.htm. Acesso em: 20 jun. 2024.

BRASIL. Conselho Administrativo de Defesa Econômica. Súmula nº 5, de 9 de dezembro de 2009. É lícita a estipulação de cláusula de não-concorrência com prazo de até cinco anos da alienação de estabelecimento, desde que vinculada à proteção do fundo de comércio. *Diário Oficial da União*: seção 1, Brasília, DF, n. 238, p. 51, 14 dez. 2009. Disponível em: https://cdn.cade.gov.br/Portal/centrais-de-conteudo/publicacoes/normas-e-legislacao/sumulas-do-cade/s%C3%BAmula%205.pdf. Acesso em: 1 jun. 2024.

BRASIL. *Decreto-lei nº 5.452, de 1º de maio de 1943*. Aprova a Consolidação das Leis do Trabalho. Brasília, DF: Presidência da República, Disponível em: https://www.planalto.gov.br/ccivil_03/decreto-lei/del5452.htm. Acesso em: 20 maio 2024.

BRASIL. *Lei nº 10.406, de 10 de janeiro de 2002*. Institui o Código Civil. Brasília, DF: Presidência da República, 2002. Disponível em: https://www.planalto.gov.br/ccivil_03/leis/2002/l10406compilada.htm. Acesso em: 20 maio 2024.

BRASIL. *Lei nº 6.404, de 15 de dezembro de 1976*. Dispõe sobre as Sociedades por Ações. Brasília, DF: Presidência da República, 1976. Disponível em: https://www.planalto.gov.br/ccivil_03/leis/l6404consol.htm. Acesso em: 20 jan. 2024.

BRASIL. Ministério da Fazenda. *Exposição de motivos nº 196, de 24 de junho de 1976*. Brasília, DF: MF, 1976. Disponível em: https://sistemas.cvm.gov.br/port/atos/leis/6404_Exposicao.asp. Acesso em: 20 jan. 2024.

BRASIL. Tribunal Superior do Trabalho (2ª Turma). *Agravo de instrumento Ag Arr nº 1002437-53.2015.5.02.0466*. Rel. José Roberto Freire Pimenta. Julgado em: 9 jun. 2021. Disponível em: https://jurisprudencia.tst.jus.br/. Acesso em: 1 jun. 2024.

BRASIL. Tribunal Superior do Trabalho. Súmula nº 269. O empregado eleito para ocupar cargo de diretor tem o respectivo contrato de trabalho suspenso, não se computando o tempo de serviço desse período, salvo se permanecer a subordinação jurídica inerente à relação de emprego. *Diário Eletrônico da Justiça do Trabalho*: Brasília, DF, n. 121, 19, 20 e 21 nov. 2003. Disponível em: https://www3.tst.jus.br/jurisprudencia/Sumulas_com_indice/Sumulas_Ind_251_300.html. Acesso em: 1 abr. 2024.

BRATTON, William W. Enron and The Dark Side of Shareholder Value. *Tulane Law Review*, [s. l.], v. 76, p. 1275–1361, 2002.

BULGARELLI, Waldírio. Apontamentos sobre a responsabilidade dos administradores das companhias. *Revista de Direito Mercantil, Econômico, Industrial, Financeiro*, [s. l.], v. 22, n. 50, p. 75–105, abr./jun. 1983.

BUSCHINELLI, Gabriel Saad Kik. *Compra e Venda de Participações Societárias de Controle*. São Paulo: Quartier Latin, 2018.

CALVO, Adriana. *Diretor de uma sociedade anônima:* Patrão — empregado? São Paulo: LTr, 2006.

CAMARGO, André Antunes Soares de. *Transações entre Partes Relacionadas:* um desafio regulatório e Multidisciplinar. 4 ed. São Paulo: Almedina, 2019.

CAMILO JÚNIOR, Ruy Pereira. Cláusulas de não competição nas alienações societárias. *In:* ADAMEK, Marcelo Vieira von; PEREIRA, Rafael Setoguti Julio (coord.). *Fusões e Aquisições (M&A)*. São Paulo: Quartier Latin, 2022.

CAMPINHO, Sérgio; PINTO, Mariana. Breves Notas sobre a cláusula de não concorrência no contexto da alienação de participações societárias. *In:* ADAMEK, Marcelo Vieira von; PEREIRA, Rafael Setoguti Julio (coord.). *Fusões e Aquisições (M&A)*. São Paulo: Quartier Latin, 2022.

CARMO, Eduardo de Sousa. *Relações Jurídicas na Administração da S/A*. Rio de Janeiro: Aide, 1988.

CARVALHOSA, Modesto. *Comentários à Lei das Sociedades Anônimas*. 3 ed. São Paulo: Saraiva, 2003. v. 3.

CARVALHOSA, Modesto; EIZIRIK, Nelson. *A Nova Lei das S/A*. São Paulo: Saraiva, 2002.

CARVALHOSA, Modesto; KUYVEN, Fernando. *Tratado de Direito Empresarial:* Sociedades Anônimas. 3. ed. São Paulo: Revista dos Tribunais, 2022. v. III.

CAVALI, Marcelo Costenaro. *Insider Trading:* repressão administrativa e penal do uso indevido da informação privilegiada. São Paulo: Quartier Latin, 2022.

CLARK, Robert Charles. *Corporate Law*. Boston: Aspen, 1986.

COELHO, Fabio Ulhoa. *Curso de Direito Comercial*. São Paulo: Saraiva. 2002. v. II.

COELHO, Fábio Ulhoa. *Curso de Direito Comercial*: Direito da empresa. 18. ed. São Paulo: Saraiva, 2014. v. 1.

COMPARATO, Fábio Konder. *Aspectos jurídicos da macro-empresa*. São Paulo: Revista dos Tribunais, 1970.

COMPARATO, Fábio Konder. *Controle conjunto, abuso no exercício do voto acionário e alienação indireta de controle empresarial*: Parecer em Direito Empresarial: Estudos e Pareceres. São Paulo: Sarava, 1990.

COMPARATO, Fábio Konder; SALOMÃO FILHO, Calixto. *O poder de controle na sociedade anônima*. 4. ed. Rio de Janeiro: Forense, 2005.

CORDEIRO, Antonio Barreto Menezes. Dever de não concorrência e dever de não utilização de bens pertencentes à sociedade — Anotação a STJ 30. *Revista de Direito das Sociedades*, [s. *l.*], ano 7, n. 1, p. 161–188, 2015.

CORDEIRO, António Manuel da Rocha e Menezes. *Da Boa-Fé no Direito Civil*. 5. ed. Coimbra: Almedina, 2022.

CORDEIRO, António Manuel da Rocha e Menezes. *Da Boa-fé no Direito Civil*. Coimbra: Almedina, 2001.

CORDEIRO, António Manuel da Rocha e Menezes. *Direito das Sociedades*. 2. ed. Coimbra: Almedina, 2007. v. 2.

CORREIA, Luís Brito. *Os Administradores de Sociedades Anónimas*. Coimbra: Almedina, 1993.

DAVIES, Paul L.; WORTHINGTON, Sarah; HARE, Christopher. *Gower Principles of Modern Company Law*. 11. ed. São Paulo: Thomson Reuters, 2021.

DAVIES, Paul. *Introduction to Company Law*. 2. ed. Oxford: Oxford Press, 2010.

DIAS, José de Aguiar. *Da responsabilidade Civil*. 6. ed. Rio de Janeiro: Forense, 1979. v. 1.

DONNINI, Rogério. *Responsabilidade civil pós-contratual*. 3. ed. São Paulo: Saraiva, 2011.

EASTERBROOK, Frank H.; FISCHEL, Daniel R. *The Economic Structure of Corporate Law*. 1. ed. Cambridge: Harvard University Press, 1996.

EIZIRIK, Nelson. *A Lei das S/A comentada*. 4. ed. São Paulo: Quartier Latin, 2021. v. 3.

FERBER, Keneth S. *Corporation Law*. Nova Jersey: Prentice Hall, 2002.

FÉRES, Marcelo Andrade. *Estabelecimento empresarial:* Trespasse e Efeitos Obrigacionais. São Paulo: Saraiva, 2007.

FERRAZ JÚNIOR, Tércio Sampaio. *Introdução ao Estudo do Direito:* Técnica, Decisão, Dominação. 3. ed. São Paulo: Atlas, 2001.

FERREIRA, Waldemar. *Tratado de Direito Comercial:* o estatuto do estabelecimento e a empresa mercantil. São Paulo: Saraiva, 1962. v. VII.

FORGIONI, Paula A. *A Evolução do Direito Comercial Brasileiro:* da mercância ao mercado. 4 ed. São Paulo: Revista dos Tribunais, 2019a.

FORGIONI, Paula A. *Contratos Empresariais:* Teoria Geral e Aplicação. 4. ed. São Paulo: Revista dos Tribunais, 2019b.

FORGIONI, Paula A. *Os fundamentos do Antitruste*. 8. ed. São Paulo: Revista dos Tribunais, 2015.

FORGIONI, Paula; GRAU, Eros. *O Estado, a Empresa e o Contrato*. São Paulo: Malheiros, 2005.

FRANÇA, Erasmo Valladão Azevedo e Novaes (coord.). *Direito Societário Contemporâneo II*. São Paulo: Malheiros, 2015.

FRANÇA, Erasmo Valladão Azevedo e Novaes. *Conflito de Interesses nas Assembléias de S.A. (e outros escritos sobre conflitos de interesses)*. 2. ed. São Paulo: Malheiros, 2014.

FRANÇA, Erasmo Valladão Azevedo e Novaes. *Invalidade das deliberações de Assembleia das S/A:* e outros escritos sobre o tema da invalidade das deliberações sociais. 2. ed. São Paulo: Malheiros, 2017.

FRAZÃO, Ana. *Função Social da Empresa:* repercussões sobre a responsabilidade civil de controladores e administradores de S/As. Rio de Janeiro: Renovar, 2011.

FRAZÃO, Ana; COELHO, Fábio Ulhoa; MENEZES, Maurício Moreira; CASTRO, Rodrigo R. Monteiro de; CAMPINHO, Sérgio. *Lei das Sociedades Anônimas Comentada*. 3. ed. Rio de Janeiro: Forense, 2024.

FRAZÃO, Ana; COELHO, Fábio Ulhoa; MENEZES, Maurício Moreira; CASTRO, Rodrigo R. Monteiro de; CAMPINHO, Sérgio. *Lei das Sociedades Anônimas Comentada*. Rio de Janeiro: Forense, 2021.

GALGANO, Francesco; GENGHINI, Riccardo. Il Nuovo Diritto Societario. *In:* GALGANO, Francesco. *Trattato di Diritto Commerciale e di Diritto Pubblico dell'economia*. 2. ed. Pádua: CEDAM, 2004. v. XXIX.

GOLDFARB, Cibelle Linero. *Cláusulas Contratuais:* confidencialidade e não concorrência nos contratos de trabalho. Curitiba: Juruá, 2015.

GOMES, Orlando. *Obrigações*. 16. ed. Rio de Janeiro: Forense, 2004.

GOMES, Orlando; GOTTSCHALK, Edson. *Curso de Direito do Trabalho*. Rio de Janeiro: Forense, 1997.

GONÇALVES NETO, Alfredo de Assis (coord.). *Sociedades:* Lei das Sociedades Anônimas Comentada. São Paulo: Thomson Reuters Brasil, 2024. v. 2.

GUERREIRO, José Alexandre Tavares. Responsabilidade de Administradores de Sociedades Anônimas. *Revista de Direito Mercantil, Industrial, Econômico e Financeiro,* [*s. l.*], v. 20, n. 42, p. 69–88, 1981.

HAMILTON, Robert W. *The Law of Corporations*. 5. ed. Saint Paul: West, 2000.

HAMILTON, Robert W. *The Law of Corporations:* in a nutshell. Saint Paul: West, 2003.

HANNIGAN, Brenda. *Company Law*. 6. ed. Oxford: Oxford University Press, 2021.

IRTI, Natalino. *L'ordine giuridico del mercato*. 5 ed. Roma: Laterza, 2003.

ITÁLIA. *Regio Decreto 16 marzo 1942, n. 262*. Approvazione del testo del Codice civile. Roma: Gazzetta Ufficiale, 1942. Disponível em: https://www.gazzettaufficiale.it/anteprima/codici/codiceCivile. Acesso em: 1 jun. 2024.

KRAAKMAN, Renier; ARMOUR, John; DAVIES, Paul; ENRIQUES, Lucas; HANSMANN, Henry; HERTIG, Gerard; HOPT, Klaus; PARGENDLER, Mariana; RINGE, Wolf-Georg; ROCK, Edward. *Anatomia do Direito Societário*: uma abordagem comparada e funcional. Tradução: Mariana Pargendler. São Paulo: Singular, 2018.

LAMY FILHO, Alfredo; PEDREIRA, José Luís Bulhões. *Direito das Companhias*. 2. ed. Rio de Janeiro: Forense. 2017.

LEÃES, Luiz Gastão Paes de Barros. *Comentários à Lei das Sociedades Anônimas*. São Paulo: Saraiva, 1978. v. 2.

LEÃES, Luiz Gastão Paes de Barros. *Estudos e Pareceres sobre Sociedades Anônimas*. São Paulo: Revista dos Tribunais, 1989.

LLEBOT MAJO, Josep Oriol. *Los Deberes de Los Administradores de La Sociedad Anonima*. 1. ed. Madrid: Civitas, 1996.

LUCAS, Laís Machado. *Programas de integridade nas Sociedades Anônimas:* implementação como conteúdo do dever de diligência dos administradores. Porto Alegre: Livraria do Advogado, 2021.

LUCCA, Newton de. *Da ética geral à ética empresarial*. São Paulo: Quartier Latin, 2009.

MARCONDES, Sylvio. Conflito de Interesses entre a sociedade e seu administrador. *In:* MARCONDES, Sylvio. *Problemas de Direito Mercantil*. São Paulo: Max Limonad, 1970.

MARTINS, Alexandre de Soveral. *Administração de Sociedades Anónimas e Reponsabilidade dos Administradores*. São Paulo: Almedina, 2020.

MARTINS, Fran. *Comentários à Lei das Sociedades Anônimas*. Rio de Janeiro: Forense, 2010.

MARTINS, Fran. *Comentários à Lei das Sociedades Anônimas*. Rio de Janeiro: Forense. 1984a. v. 2.

MARTINS, Fran. *Direito Societário:* Estudos e pareceres. Rio de Janeiro: Forense, 1984b.

MARTINS, Fran. Poderes dos Administradores nas Sociedades Anônimas. *In:* MARTINS, Fran. *Direito Societário:* estudos e pareceres. Rio de Janeiro: Forense, 1984c.

MARTINS-COSTA, Judith. *A boa-fé no direito privado*: critérios para sua aplicação. 2. ed. São Paulo: Saraiva, 2018.

MARTINS-COSTA, Judith. A boa-fé objetiva e o adimplemento das obrigações. *Revista Brasileira de Direito Comparado*, [*s. l.*], v. 49, n. 25, p. 229–281, 2004.

MARTINS-COSTA, Judith. O Exercício Jurídico Disfuncional e os Contratos Interempresariais. *Revista do Advogado*, [*s. l.*], v. 28, n. 96, p. 48–58, mar. 2008.

MEDRADO, René Guilherme S.; ATHAYDE, Amanda; CORDÃO, Catarina Lobo. Interlocking Directorates in Brazil: Is There an Antitrust Concern in Light of the Recent Discussions in USA? *SSRN Electronic Journal*, [*s. l.*], 21 jun. 2023. Disponível em: https://papers.ssrn.com/sol3/papers.cfm?abstract_id=4478409. Acesso em: 1 jun. 2024.

MENDES, Rodrigo Octávio Broglia. *Tratado de Direito Comercial*: tipos societários, Sociedade Limitada e Sociedade Anônima. São Paulo: Saraiva, 2015. v. 2.

MENDONÇA, José Xavier Carvalho de. *Tratado de Direito Comercial Brasileiro*. Rio de Janeiro: Freitas Bastos, 1964. v. 4. l. 2.

MENDONÇA, José Xavier Carvalho de. *Tratado de Direito Comercial Brasileiro*. 4. ed. Rio de Janeiro: Freitas Bastos, 1946. v. 4.

MIRANDA, Francisco Cavalcanti Pontes de. *Tratado de Direito Privado*. Rio de Janeiro: Borsoi, 1956. t. XV.

MIRANDA, Francisco Cavalcanti Pontes de. *Tratado de Direito Privado*. São Paulo: Revista dos Tribunais, 2012.

OLIVEIRA, Ana Perestrelo de. *Manual de Governo das Sociedades*. Coimbra: Almedina, 2017.

PARENTE, Flávia. *O dever de diligência dos Administradores de Sociedades Anônimas*. 1. ed. Rio de Janeiro: Renovar, 2005.

PARENTE, Norma Jonssen. *Tratado de Direito Empresarial:* v. 6 - Mercado de Capitais. Coleção coordenada por Modesto Carvalhosa. 3. ed. São Paulo: Revista dos Tribunais, 2022.

PARENTE, Norma Jonssen. *Tratado de Direito Empresarial:* v. 6 - Mercado de Capitais. Coleção coordenada por Modesto Carvalhosa. 2. ed. São Paulo: Revista dos Tribunais, 2018.

PARGENDLER, Mariana. Modes of Gap Filling: Good Faith and Fiduciary Duties Reconsidered. *Tulane Law Review*, [*s. l.*], v. 82, 2008, p. 1315–1354.

PARGENDLER, Mariana. Responsabilidade Civil dos Administradores e *Business Judgment Rule* no Direito Brasileiro. *Revista dos Tribunais*, [*s. l.*], v. 104, n. 953, p. 51–74, mar. 2015.

PEIXOTO, Carlos Fulgêncio da Cunha. *Sociedade por ações*. São Paulo: Saraiva, 1973. v. 4.

PELLEGRINELLI, Eduardo. A Obrigação de Não Concorrência à Luz da Jurisprudência. *In:* YARSHELL, Flávio Luiz; PEREIRA, Guilherme Setoguti. *Processo Societário*. São Paulo: Quartier Latin, 2021. v. IV.

PORTUGAL. *Decreto-Lei n.º 262/86*. Aprova o Código das Sociedades Comerciais. Lisboa: Diário da República, 1986. Disponível em: https://diariodarepublica.pt/dr/legislacao-consolidada/decreto-lei/1986-34443975. Acesso em: 1 jun. 2024.

POSNER, Eric. Pelo fim das cláusulas de não concorrência. *Valor Econômico*, [*s. l.*], 7 maio 2024.

POSNER, Richard. *Economic Analysis of Law*. 6. ed. Nova York: Aspen, 2003.

RAMIREZ, Paulo Nuno Horta Correia. O dever de lealdade dos administradores de sociedades de capital e a obrigação de restituir o enriquecimento injusto ou sem causa: análise dos sistemas espanhol e português. *Revista Electrónica de Direito*, [*s. l.*], n. 2, p. 154–196, 2022.

RIBEIRO, Renato Ventura. *A Exclusão de Sócios nas Sociedades Anônimas*. São Paulo: Quartier Latin, 2005.

RIO GRANDE DO SUL. Tribunal de Justiça (5ª Câmara Cível). *Apelação Cível nº 588042580*. Rel. Des. Ruy Rosado de Aguiar Jr. Julgado em: 16 ago. 1988.

SALOMÃO FILHO, Calixto. *O Novo Direito Societário:* eficácia e sustentabilidade. 5. ed. São Paulo: Saraiva, 2019.

SALOMÃO NETO, Eduardo. *O Trust e o Direito Brasileiro*. São Paulo: Trevisan, 2016.

SÃO PAULO. Tribunal de Justiça (1ª Câmara de Direito Empresarial). *Agravo de Instrumento nº 2139605-68*. Rel. Des. Hamid Bdine. Julgado em: 19 out. 2016.

SÃO PAULO. Tribunal de Justiça (2ª Câmara Reservada de Direito Empresarial). *Agravo de instrumento AI 2243940-36.2019.8.26.0000*. Rel. Des. Maurício Pessoa. Julgado em: 21 fev. 2020. Disponível em: https://esaj.tjsp.jus.br/cjsg/getArquivo.do?cdAcordao=13345568&cdForo=0. Acesso em: 1 jun. 2024.

SÃO PAULO. Tribunal de Justiça (2ª Câmara Reservada de Direito Empresarial). *Apelação Cível nº 1011013-28.2018.8.26.0008*. Rel. Des. Sérgio Shimura. Julgado em: 31 jan. 2020. Disponível em: https://esaj.tjsp.jus.br/cjsg/getArquivo.do?cdAcordao=13269511&cdForo=0. Acesso em: 1 jun. 2024.

SÃO PAULO. Tribunal de Justiça (2ª Câmara Reservada de Direito Empresarial). *Agravo de Instrumento nº 2131423-64.2014.8.26.0000*. Rel. Des. Ricardo Negrão. Julgado em: 22 set. 2014. Disponível em: https://esaj.tjsp.jus.br/cjsg/getArquivo.do?cdAcordao=7885393&cdForo=0. Acesso em: 1 jun. 2024.

SCALZILLI, João Pedro. *Mercado de Capitais:* ofertas hostis e técnicas de defesa. São Paulo: Quartier Latin, 2015.

SILVA, Alexandre Couto. *Responsabilidade dos Administradores de S/A: Business Judgment Rule*. Rio de Janeiro: Elsevier, 2007.

SPINELLI, Luis Felipe. *Administração das Sociedades Anônimas:* lealdade e conflito de interesses. São Paulo: Almedina, 2020.

SPINELLI, Luis Felipe. *Conflito de Interesses na Administração da Sociedade Anônima*. 1. ed. São Paulo: Malheiros, 2012.

SPINELLI, Luís Felipe. *Exclusão de Sócio por falta grave na Sociedade Limitada*. São Paulo: Quartier Latin, 2015.

SPOLIDORO, Marco Saverio. Il divieto de concorrenza per gli amministratori di società de capitali. *Rivista delle società*, [*s. l.*], v. 28, n. 2, p. 1370–1371, 1983.

TOLEDO, Paulo Fernando Campos Salles de. *O Conselho de Administração na Sociedade Anônima:* estrutura, funções e poderes: responsabilidade dos administradores. 2. ed. São Paulo: Atlas, 1999.

VALVERDE, Trajano de Miranda. *Sociedades por ações*. Rio de Janeiro: Forense, 1942. v. II.

WIEDEMANN, Herbert. Minderheitenschutz und Aktienhandel. Abhandlungen aus dem gesamten Bürgerlichen Recht. *Handelsrecht und Wirtschaftsrecht*, [*s. l.*], v. 35, 1968.

WIEDMANN, Herbert. Vínculos de lealdade e regra da substancialidade: uma comparação de sistemas. Tradução Otto Carlos Vieira Ritter von Adamek. *Revista de Direito Mercantil*, [s. *l.*], n. 157, p. 7–25, 2011.

WILLIAMSON, Oliver. *The Economic Institutions of Capitalism*. New York: Free, 1985.

Esta obra foi composta em fonte Palatino Linotype, corpo 10
e impressa em papel Offset 75g (miolo) e Supremo 250g (capa)
pela Formato Artes Gráficas.